LÉON DE TINSEAU

DU HAVRE A MARSEILLE

PAR

L'AMÉRIQUE ET LE JAPON

PARIS
CALMANN LÉVY, ÉDITEUR
RUE AUBER, 3, ET BOULEVARD DES ITALIENS, 15
A LA LIBRAIRIE NOUVELLE

1891

DU

HAVRE A MARSEILLE

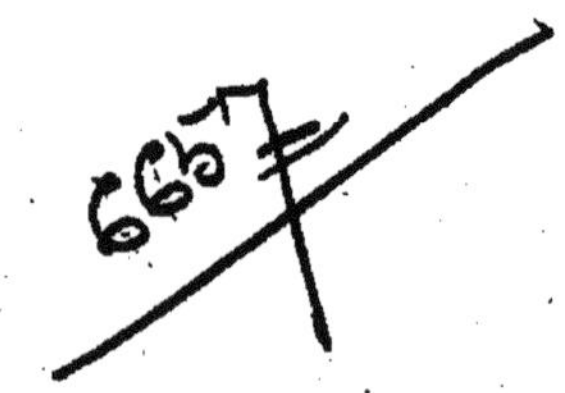

CALMANN LÉVY, ÉDITEUR

DU MÊME AUTEUR

Format grand in-18

ALAIN DE KERISEL	1 vol.
L'ATTELAGE DE LA MARQUISE	1 —
BOUCHE CLOSE	1 —
CHARME ROMPU	1 —
MA COUSINE POT-AU-FEU	1 —
DERNIÈRE CAMPAGNE	1 —
MADAME VILLEFÉRON JEUNE	1 —
LA MEILLEURE PART *(Ouvrage couronné par l'Académie française)*	1 —
MONTESCOURT	1 —
ROBERT D'ÉPIRIEU	1 —
STRASS ET DIAMANTS	1 —
SUR LE SEUIL	1 —

IMPRIMERIE CHAIX, RUE BERGÈRE, 20, PARIS. — 26304-12-90.

DU HAVRE A MARSEILLE

PAR L'AMÉRIQUE ET LE JAPON

PAR

LÉON DE TINSEAU

PARIS
CALMANN LÉVY, ÉDITEUR
ANCIENNE MAISON MICHEL LÉVY FRÈRES
3, RUE AUBER, 3

1891

DU HAVRE A MARSEILLE

PAR

L'AMÉRIQUE ET LE JAPON

I

DE PARIS A NEW-YORK

La gare Saint-Lazare. — La Petite et la Grande Ceinture. La *Normandie.* — Officiers et passagers. — Rencontre d'*ice-bergs.* — Arrivée à New-York.

17 mai 1890. — Une heure du matin.

Sous le firmament vitré de la gare Saint-Lazare, où les étoiles sont remplacées par l'éblouissement électrique, deux trains, presque côte à côte, allongent leurs lignes de portières ouvertes. Sur celui de gauche est écrit : CEINTURE ; sur celui de droite : PARIS-NEW-YORK. Le premier, dans deux heures, sera de nouveau à cette même place, son tour achevé. Moi aussi, je vais faire un tour, plus grand que le tour de Paris, et je l'achèverai moins vite, — si je l'achève. A la grâce de Dieu!

Sur le quai de gauche on bâille, en attendant l'oreiller, qui n'est pas loin. Sur celui de droite on pleure. Voici mon compagnon de voyage, le baron Salvaing de Boissieu, doucement baigné de larmes charmantes, l'heureux homme!... J'ai le bonheur — ou le malheur — de ne faire pleurer personne en ce moment. C'est peut-être pour cela que je pars. Qui sait?...

La portière est fermée; le train roule. Déjà la lumière bleue des lampes électriques du pont de l'Europe n'est plus qu'une réverbération lointaine... Ouf!

Cette exclamation peut seule exprimer le besoin de repos qui s'empare de moi et que je vais enfin satisfaire. Oui, sérieusement, à cette minute j'ai l'impression calmante d'une grande tranquillité succédant à une grande fatigue, et ceux-là me comprendront qui ont traversé la crise que je subis depuis deux semaines. J'ai eu trop de préparatifs à faire, trop d'adieux à dire. Trop de regards de bons vieux amis, de chères jeunes amies, ont emporté un petit morceau de moi. Trop de mains, petites ou grosses, m'ont laissé l'émouvante aumône d'une tristesse vraie. Le corps n'en peut plus et les nerfs commencent à vibrer ainsi que des cordes de violoncelle... Avant Asnières je dormais.

Rouen m'éveille. Oh! la bonne nuit! et qu'elle est jolie et fraîche, la verdure normande, où les pommiers presque défleuris marquent déjà leurs taches mélancoliques! Car le printemps, jeunesse de l'année, et la jeunesse, printemps de la vie, connaissent de bonne heure, l'un et l'autre, la désillusion et le regret.

Il est six heures du matin. Notre train spécial, aiguillé sur une voie maritime, se tord, se faufile comme une énorme couleuvre à travers les tas de charbon et les amoncellements de barriques de la gare du Havre. Puis il s'arrête sous un hangar immense, qui semble fermé sur une de ses faces par une muraille noire, percée d'ouvertures sans nombre d'où une masse de têtes curieuses nous regardent. Cette muraille de cinq cents pieds de long, qui ne sera plus là tout à l'heure, vous représente le bordage de la *Normandie*, où le contenu de nos dix-huit wagons s'engouffre en quelques minutes. On reconnaît sa cabine; on arrime provisoirement son menu bagage; on avale une tasse de café, et l'on monte sur le pont pour voir le départ.

Le monde y grouille comme sur la grande place d'une cité importante, et, pour achever l'illusion, voici un facteur qui se promène de groupe en groupe, distribuant des lettres, faisant émarger des *chargements*. Et voici, encore une fois, le galon bleu du télégraphiste. Il appelle mon nom... Merci, fidèle amitié, et soyez tranquille: je me souviens!

A huit heures l'hélice tourne, et bientôt les deux phares de la Hève disparaissent avec la falaise qui les porte. A une heure nous semblons nous rapprocher de la France, mais c'est elle qui pousse de notre côté, comme pour nous dire encore adieu, la longue presqu'île dont Barfleur blanchit la pointe. Et maintenant, durant une longue semaine, nous sommes à toi sans partage, belle reine aux yeux d'émeraude. O maîtresse toujours fidèlement aimée, salut!

Lundi 19 mai.

Nous avons médiocrement débuté sous le rapport du temps. Hier, la mer était grosse et le bateau semblait désert. A déjeuner *quatre* convives ont occupé leur fauteuil à ma table. Aujourd'hui, calme relatif et provisoire, j'en ai peur; c'est le moment de prendre quelques croquis et, tout d'abord, celui de notre domicile actuel.

La *Normandie* est une véritable ville flottante de cent cinquante mètres de long, avec son quartier pauvre et populeux (les émigrants, ils sont près de six cents), son quartier moyen (la deuxième classe) et son quartier aristocratique pour lequel, ici comme ailleurs, tout semble uniquement combiné et préparé. Notre Eden maritime se divise en trois étages. Le rez-de-chaussée comprend les cabines réparties le long d'immenses corridors qui sont les rues de la ville. Au centre règne la salle à manger de seize mètres sur douze, avec ses quatre rangs de tables de vingt-cinq couverts chacune. Là se trouvent également le bar, le salon des dames, les salles de bains, la boutique du coiffeur. Au premier, le salon dit « de conversation » parce qu'on s'y livre exclusivement à la lecture ou au sommeil, la bibliothèque où Zola trône en maître à peu près sans rival, et le fumoir, très médiocre comme dimensions, installation et... propreté. Le troisième étage est la place publique. C'est là qu'on se promène, qu'on devise et qu'on baye aux corneilles, c'est-à-dire aux mouettes, quand le temps le permet. Alors, c'est la plus belle promenade du monde.

Voulez-vous visiter ma cabine? Elle a quatre mètres de long sur deux de large. En face de la porte, la toilette avec sa glace; à gauche, le lit; à droite, un canapé où j'ai fait tant de siestes depuis trois jours que je commence à sentir que mon arriéré de fatigue tend à se liquider. Et mon lit! Ah! comme on y dort, sans songer aux deux ou trois mille mètres d'eau qui forment le rez-de-chaussée! A peine étendu entre les deux draps, à peine le bonsoir mental dit à ceux de là-bas — et à ceux de là-haut — crac! je pousse le bouton; ma lampe électrique rentre dans le néant... et je fais comme elle.

Je me lève tard (pour un marin). La toilette, une courte visite au spardeck, le bain, une apparition chez le coiffeur, me mènent à huit heures et demie. Alors je vais savoir des nouvelles de mon ami et compagnon de voyage Boissieu, dont l'apprentissage maritime est plein de promesses. A neuf heures et demie, je déjeune; puis je fais la chasse aux nouvelles sur le spardeck, et il y en a toujours: nouvelles du temps; navires rencontrés; état du cœur des passagères intéressantes; potins du bord. (Je signale certains recoins du grand escalier dont on ne se défie pas assez; ils sont traîtres comme tout, pour les yeux et pour les oreilles).

Tout à coup un mugissement de la sirène éclate. C'est le *midi* du lieu où nous sommes, et toutes les montres de s'ouvrir et de se retarder de vingt ou trente minutes, selon le chemin parcouru depuis la veille. Alors les amateurs se dirigent vers la porte du salon où, sur la carte de l'Océan, un petit drapeau vient d'être planté, indiquant où se trouve, à cette minute, la *Normandie*. Et l'on se réjouit ou l'on se désole, suivant que l'enjambée des vingt-quatre heures est plus longue ou plus courte, grâce aux vents ou aux vagues. Lorsque tout va bien, le saut de puce marqué par les petits drapeaux mesure deux cents lieues.

A cinq heures et demie on sonne le dîner, ce qui semblerait un peu tôt à mes belles amies, généralement incapables d'être prêtes pour huit heures. Mais elles sont déjà loin, mes belles amies!...

Nous avons pour commandant un officier de marine qui a fait ses preuves d'habileté et de sang-froid. Complètement blasé sur les lettres de recommandation, il paraît l'être moins sur les séductions des belles Américaines qu'il transporte. Bien que condamné par la nature à compter seulement sur le patronage de mes amis, je suis trop franc pour ne pas déclarer que j'imiterais probablement notre capitaine, si j'étais à sa place.

Dans l'escalier, de chaque côté du grand palier, s'ouvrent deux appartements, moitié salons, moitié cabines, où l'on entre volontiers faire un bout de causette le soir, quand le vent ou la pluie chassent les promeneurs du spardeck. A gauche, on trouve le docteur, grand, sec, bilieux, excellent homme, serviable et dévoué, qui n'a qu'un défaut, c'est de dire un peu trop qu'il ne croit pas en Dieu. L'athéisme ne va pas bien avec l'Océan. Signe particulier, qu'il a en commun avec la plupart des médecins de paquebots : se pique d'une indifférence, voire même d'une ignorance absolue pour toutes les choses de la marine ; prétend n'avoir jamais su ce que c'est qu'un nœud, une longitude, un mille, un signal de pavillons. Considère comme sauvé tout client dont il prolonge l'existence jusqu'à la prochaine escale. Ce qui se passe ensuite n'est plus son affaire. Il appelle cela : faire de la *médecine dilatoire*. Tel ce jeu de société où l'on se passe une allumette enflammée qu'il ne faut pas laisser mourir dans ses mains, sous peine de donner un gage.

A droite, on entre chez le commissaire du bord, qui pourrait, d'après la loi, faire mon testament ni plus ni moins qu'un parfait notaire, le cas échéant. En dehors de ce rôle où j'espère bien ne pas l'applaudir, c'est un gai compagnon, galant auprès des dames, partagé entre la passion de la flûte et celle des grandes bottes de mer montant jusqu'aux oreilles. Car, à l'encontre de son ami le docteur, il affecte des allures de matelot fini... Mais, pas d'ingratitude! Nous lui devons un ordinaire hors ligne. Ne mordons pas la main qui nous nourrit.

Les passagers, peu nombreux vu la saison, n'offrent rien d'intéressant, à l'exception d'une étourdissante veuve de Chicago qui passe l'Atlantique pour aller toucher ses loyers. (Je souhaite, ô beauty! que vos maisons soient de celles qui comptent quinze étages et que je verrai bientôt.)

Cette capiteuse et flirtante personne déclare qu'on ne peut vivre qu'à Paris, et compte bien y être de retour assez tôt pour le Grand Prix. Regardez-la, svelte, ondulante, foulant aux pieds avec une égale désinvolture le mal de mer et la timidité. Debout, les mains dans les poches de sa casaque de serge noire, appuyant à l'acajou du roufle sa tête blonde, coquettement coiffée d'un béret de laine blanche, elle offre à la brise (heureuse brise !) les plis flottants de sa chemisette de surah clair. Elle rit avec ses yeux noirs, avec ses joues roses, avec ses dents blanches, elle rit toujours, quoi qu'elle dise et quoi qu'on lui dise. Qu'y a-t-il de vrai dans ce blond, dans ce brun, dans ce rose et dans ce sourire ?... Qu'est-ce que ça vous fait ? Ce n'est pas la Muse du Souvenir, ou l'Ange de la Pensée que je vous présente. C'est l'Esprit follet du flirt américain.

Je lui ai demandé une définition *ex professo* de cette agréable spécialité du Nouveau Monde.

— C'est, m'a-t-elle répondu, l'art de se ménager tous les bénéfices de l'amour, sans en accepter les charges et sans en subir les sacrifices sérieux.

Mercredi 21 mai (5).

Mer exécrable hier toute la journée. Le soir, roulis échevelé. Nuit de gymnastique, passée à réagir contre les lois les plus impérieuses de l'attraction et de la gravité. Ma lampe électrique ne s'est pas éteinte, et j'ai songé plus d'une fois à ma chambre parisienne, où j'aurais dormi si tranquillement, cette nuit-là, sans le démon des voyages... Mais, à midi, nos affaires s'améliorent et je me sens plus marin que jamais. Au rapport : une épaule démise et une tête fendue. Neptune, quand il s'y met, a la main lourde. Chose plus triste encore : une fillette de deux ans est mourante d'une méningite. Malheureux parents! Quelle nuit pour eux!

Vendredi 23 mai (7).

La journée des *ice-bergs*. A partir de sept heures du matin, nous avons rencontré une demi-douzaine de ces îlots de glace qui sentent, on peut le dire, leur pôle Nord d'une lieue, car leur voisinage ramène en quelques heures le thermomètre à trois degrés. La mer étant belle, tout le monde est sur le spardeck, même les habitués de l'Atlantique, car tous les voyages ne sont pas favorisés de ce spectacle curieux. Certaines traversées offrent la combinaison désagréable des *ice-bergs* et de la brume. Aujourd'hui tout est pour le mieux : l'amusement sans le danger. Un de ces glaciers flottants nous oblige à donner un coup de barre pour l'éviter. Je le cueille au passage (en photographie), et ses dimensions me font penser, chers amis de Saint-Raphaël, à votre île du *Lion de mer* où l'on tue ces lapins fantastiques qui ont une sorte de plume au lieu de poil. Cette distraction passée, la *Normandie* retombe dans son calme majestueux. Je note cette jolie locution américaine pour désigner une jeune miss dont la silhouette *avant* et la silhouette *arrière* ne sont pas suffisamment différenciées par la nature : « On ne sait jamais si elle va à l'école ou si elle en revient. » Avec tout cela, nous avons fait à midi nos quatre mille kilomètres, — sur six mille environ.

Employé une heure de la soirée à visiter — par permission très spéciale — l'immense entrepont où dorment déjà, sur des espèces de rayonnages superposés, six cents êtres humains que l'Ancien Monde nourrissait mal et qui vont chercher pâture dans le Nouveau. Vieillards encore verts, adultes vigoureux, femmes, enfants, cette population émigrante vient, pour la plupart, de la Suisse, de l'Allemagne, du Piémont. Font-ils des rêves d'or, ces pauvres diables dont je devine à peine les formes confuses à la lueur vague des falots de veille?...

Dans l'étroit couloir, j'ai dû m'effacer pour ne point heurter au passage un beau bras nu, ferme et blanc, qui s'abandonnait hors de la rude couche. Le rayon lumineux qui l'éclairait par hasard, faisait briller un cercle d'or autour du poignet, sans rien divulguer du reste de la personne. Belle ou laide, je ne le saurai jamais ! Ce dont je suis sûr, c'est qu'elle aurait pu me conter une histoire curieuse, quelque mélancolique récit de naufrage humain ayant laissé, comme épave suprême, ce bijou — gage d'amour sans doute — si étonnant à voir en pareil lieu.

Dimanche 25 mai (9).

A sept heures du matin, un brave Yankee, venu au-devant de nous à 700 kilomètres, est monté à bord. Vous allez dire que ces Américains sont des gens bien polis, de faire tant de chemin pour souhaiter la bienvenue à leurs visiteurs. Assurément ; mais il faut ajouter que le nôtre est un pilote et que nous allons lui donner huit cents francs pour nous conduire sains et saufs à l'amarrage des Transatlantiques du port de New-York. Voilà qui diminue quelque peu le mérite de sa politesse. Depuis bien des jours il guettait notre paquebot — ou un autre — comme le *cicerone* napolitain guette le voyageur aux abords du Pausilippe. Il paraît enchanté de sentir sous ses pieds un plancher plus vaste que celui de sa chaloupe à voiles et, tout en se déraidissant les jambes, il nous raconte les petits potins de l'Océan : La *City of Rome* a passé hier soir, ses cheminées toutes blanches de sel (et les nôtres donc !) comme un bateau cascadeur qui a fait la fête avec des vagues de haute volée. — Un vapeur danois a voulu causer de trop près pendant la nuit avec une banquise, et cette glaciale vertu a donné un renfoncement terrible à l'audacieux galant. — Il y avait de la brume cette nuit ; gare à nous ce soir !... Mais bah ! Nous avons la chance pour nous. Tout ira bien... au moins jusqu'à New-York, que nous verrons demain à notre réveil. Et il faut que je me prépare à un premier déménagement, — moi qui ne les aime pas !

Lundi 26 mai (10).

. . . .

Ces points sont destinés à remplacer la description de l'admirable (?) entrée de New-York que je devrais écrire en cet endroit. Tout ce que je peux dire, c'est que, vers huit heures du matin, par un vent qui nous chassait la pluie dans le visage, mais qui, hélas! ne chassait pas le brouillard, nous avons passé — au pas — tout près d'une énorme dame tenant à la main quelque chose de semblable au tronçon d'un manche de parapluie. Sans doute, le reste venait d'être emporté par la bourrasque. Des gens du pays m'ont informé que cette personne (je me souvenais de l'avoir vue quelque part) était la Liberté, qu'elle brandissait non pas un parapluie, mais une torche, et qu'elle était en train d'éclairer le monde. Mais, vu l'heure, elle avait soufflé sa chandelle. C'est, comme on sait, un cadeau des hommes soi-disant libres de la France aux hommes libres des États-Unis. Les égards que je dois à la chaudronnerie artistique de mon pays m'obligent à une grande modération dans l'expression de mon jugement. Je dirai donc simplement que c'est affreux.

Pendant une heure nous avons remonté l'Hudson, croisant à chaque pas des corps flottants tout à fait invraisemblables. Tantôt c'étaient des radeaux grands comme des îles, transportant d'un bord à l'autre des trains de chemin de fer tout entiers. D'autres fois, le train était resté sur la rive, et c'était la gare qui passait l'eau tout d'un bloc, avec ses quais regorgeant de piétons, et l'espace du milieu encombré de voitures de toute sorte, depuis la charrette à bras du commissionnaire, jusqu'au char de foin haut comme une maison et traîné par trois chevaux. Sans cesse nous frôlions des bateaux à vapeur pareils à des hôtels à plusieurs étages, et des remorqueurs allant et venant, prêts à donner un coup de main là où l'on a besoin d'eux. Joignez à cela les grands steamers transatlantiques, arrivant ou partant, les navires à voiles, et même des yachts de plaisance, et vous ne croirez pas que j'exagère en disant que, sur ce fleuve de deux kilomètres de large, la surface liquide non occupée ne dépassait guère la superficie couverte.

Enfin, poussée d'ici, tirée de là par quatre ou cinq remorqueurs, se débattant contre un courant terrible, la *Normandie* s'engage dans son bassin, non sans froisser un peu les côtes de quelques confrères. Nous débarquons le plus commodément du monde, à l'abri d'une marquise. La redoutable douane américaine bouleverse nos malles et fourre ses mains sales jusque dans nos poches. Et nous voilà, enfin, citoyens de New-York.

II

NEW-YORK

Absence de l'idée du Laid et du Beau. — La circulation. — Les hôtels. — Le Central Park. — Le pont de Brooklyn. — Le *New-York Herald*. — Croquis mondain.

Mercredi, 28 mai (12).

Le touriste français du modèle réglementaire, c'est-à-dire celui qui mesure tout à son aune, est assuré d'avance de ne pousser ici qu'un long cri d'horreur. New-York ressemble à Paris comme un paquebot à grande vitesse ressemble à la galère de Cléopâtre ; mais la belle reine d'Égypte n'entendait pas la navigation de la même manière que l'ingénieur des constructions navales d'aujourd'hui. Tous deux méritent d'être loués, car tous deux, en somme, ont trouvé ce qu'ils cherchaient.

Élégance artistique, satisfaction de l'œil, et, en même temps, économie, voilà le mot d'ordre de Paris. Il ne faut pas longtemps pour découvrir la devise de New-York : simplicité, rapidité, commodité. Le reste n'existe pas. Ce n'est pas que l'Américain soit un gaspilleur d'argent ; tout au contraire. Comme il en gagne à chaque heure et à chaque minute de la journée (ici, l'oisif est un être inconnu), il attribue forcément une valeur à la moindre fraction de temps et estime, avec une logique parfaite, qu'il vaut mieux payer un objet plus cher que de l'attendre. Aussi, avant tout, il veut aller vite et, s'il aime la commodité, c'est qu'elle est une des conditions de la promptitude. S'il a organisé des trains de chemin de fer où l'on dort comme dans sa chambre, ce n'est point par une recherche efféminée du confortable, comme chez nous. C'est que, pour pouvoir courir à ses affaires à huit heures du matin en descendant de l'express, il faut être dispos de corps et d'esprit, avoir fait sa toilette, pris sa nourriture et n'être pas exposé à bâiller et à s'étirer les membres toute la journée, comme il arrive après une nuit de martyre dans un de nos compartiments bondés de voyageurs.

Cette idée primordiale du but pratique à obtenir se manifeste dès les premiers pas que le touriste fraîchement débarqué fait dans la ville. Sur sa tête, un étonnant réseau de fils télégraphiques se croise dans tous les sens. A Paris on les cache dans les égouts, parce que c'est laid. Mais d'abord, à New-York il n'y a pas d'égouts, ce dont il ne faut point hausser les épaules trop vite, car, hélas ! nos égouts ont des bouches ! Ensuite, dans cette usine à millions, le Laid n'existe pas, non plus que le Beau. Voilà deux adjectifs qu'il faut oublier complètement dès qu'on a dépassé le phare de Sandy-Hook.

Que l'on tâche d'imaginer ce qu'est la circulation dans une ville de deux millions d'habitants où chacun, sans exception, *doit* gagner de l'argent ! C'est seulement dans la fable qu'on voit un homme se trouver bien d'avoir attendu la fortune dans son lit. Courir après est encore plus sûr, et c'est l'avis des citoyens de New-York. Ils se servent pour cela de cinq moyens de locomotion principaux : leurs jambes, les *cars* ou tramways, le chemin de fer métropolitain, les voitures ordinaires, et enfin les bateaux.

Les Américains déambulent, naturellement, de la même façon que le reste des hommes. Seulement ils avancent par longues enjambées, avec une démarche glissante qui les fait arriver très vite, sans avoir, généralement, cette apparence de gens sur le point de manquer le train qui caractérise la foule des allants et venants de nos quartiers d'affaires. Mais le grand mouvement s'opère par les *cars* (vingt-cinq centimes, pas d'impériales, pas de correspondances), qui sont l'un des traits spéciaux de la physionomie de New-York. Le *car* va très vite; il ne passe pas tous les quarts d'heure, ni même toutes les minutes : il passe *toujours*, chaque voiture étant séparée de la suivante par un intervalle de cinquante ou cent mètres à peine. Et cependant ils sont toujours *pleins*.

Faites attention que je n'ai pas dit *complets* ; ce mot administratif n'est connu que parmi les nations européennes. Ici, dans les cars, dans les chemins de fer, dans les bateaux, on ne s'avise jamais de refuser la pratique, à moins que le véhicule ne s'effondre sous le poids ou que le bateau ne coule par trop de charge. Il n'y a que vingt places réglementaires dans le tramway; mais il y a quinze voyageurs debout à l'intérieur et dix à chaque plate-forme. Tous ces gens ont l'air parfaitement à leur aise. Mon voisin de devant, qui est grand, lit son journal sur ma tête; celui de derrière, qui est petit, consulte ses notes sous mon aisselle et, dans l'espace de cinq minutes, trois gamins marchands de journaux ont passé entre mes jambes pour vaquer à leur commerce. Voyez-vous un marchand de journaux venant proposer sa marchandise dans un omnibus de Madeleine-Bastille en marche?... Il aurait dix-sept engueulades, trois procès-verbaux, et, à la prochaine assemblée des actionnaires, le conseil d'administration serait renversé. — Pour finir le chapitre des *cars*, un détail typique : *ils vont jour et nuit.*

Tout le monde sait que le chemin de fer métropolitain de New-York roule en l'air (d'où son nom d'*elevated*) sur un tablier porté par des colonnes. C'est horrible, exaspérant, hideux, épouvantable, et je me demande comment les locataires des maisons voisines peuvent éviter de devenir fous. Mais, pour peu qu'on examine, on trouve à tous ces inconvénients une excuse évidente : on ne pourrait se passer de ce chemin de fer. Les trains se suivent à peu près comme les cars ; ils s'arrêtent une vingtaine de secondes à chaque station. Et ils peuvent à peine suffire !...

Cet argument péremptoire est justement le seul qui manque aux partisans du Métropolitain de Paris. Nul ne conteste qu'il aurait ses avantages, mais on peut s'en passer, car la circulation *collective* de chez nous est un paisible ruisseau à côté du torrent de New-York. Voilà ce qu'oublient nos discoureurs, ce qu'ignorent nos journalistes. Or, une absolue nécessité peut seule justifier la dépense, le trouble et l'enlaidissement, résultats forcés d'une œuvre pareille. Mais il est inutile de discuter. Le Métropolitain de Paris se fera pour la même raison à laquelle nous devons bien d'autres idées niaises : la raison électorale.

Les voitures de place sont rares à New-York, mais il y en a encore trop, car personne ne les prend. D'abord elles sont chères (cinq francs la course) ; ensuite le pavé en rend l'usage tout à fait douloureux. Ce pavé digne d'une ville d'Orient est une anomalie honteuse, dans la plus riche cité du monde. Mais il faut croire que c'est l'avis des gens d'ici, car on commence de grands travaux de pavage sur plusieurs points.

Hoffmann House passe pour un des premiers hôtels *américains* de New-York. Je ne l'ai trouvé ni aussi grand, ni aussi étonnamment machiné, ni aussi cher que je m'y attendais d'après les récits des voyageurs. Il faut en décrire le hall qui est un élément de couleur locale plus ou moins reproduit dans chaque caravansérail des États-Unis.

On trouve *tout* dans cet espace immense qui est, en somme, une place publique couverte et chauffée. Énumérons un peu. Voici d'abord, bien entendu, le bureau avec son régiment de clefs et la caisse. Puis viennent, disséminés dans un désordre apparent : un bureau télégraphique, un téléphone, une banque, un marchand de cigares, un libraire, une fleuriste, un fabricant de cartes de visite, une salle pour la correspondance, un cireur de souliers, un coiffeur, un office de théâtres, un bar excellent, une agence de voitures et même — vous ne vous attendez pas à celle-là — un notaire. Dans un coin, un télégraphe écrivant déroule toute la journée les nouvelles des cinq parties du monde. A côté, une jeune demoiselle ferrée sur la sténographie attend que vous lui dictiez en deux minutes quatre ou cinq pages d'écriture ordinaire. Tandis que vous ferez vos courses, elle recopiera votre lettre avec la machine à écrire, et vous n'aurez plus qu'à signer, tout à l'heure en rentrant.

Enfin le voyageur dont les affaires sont terminées n'a pas besoin de sortir pour prendre son billet pour l'Amérique du Sud, Yokohama ou Paris ; il trouvera ses bagages en arrivant à destination sans avoir dépensé une minute à les faire peser et enregistrer. Je mentionne un restaurant de premier ordre où, sous la direction savante de Boissieu, j'ai tenté parmi les plats du pays des explorations couronnées d'un inégal succès. Je complète ce croquis par une observation tout à fait typique : dans ce capharnaüm où circulent plusieurs milliers de personnes en une journée, l'on n'aperçoit *jamais* une femme. Elles ont leur entrée spéciale, leurs salons, leur salle à manger. Sur les ferry-boats un côté leur est réservé avec défense d'y fumer. Dans la rue, le policeman les escorte d'un trottoir à l'autre, pour les garantir des voitures. A la poste restante elles ont leur guichet spécial. Cette protection légale qui leur est accordée (et qui se traduit en cas de... mettons d'admiration exagérée, par de gros dommages intérêts) leur permet une liberté d'allures dont elles usent largement. Je pense qu'il faut en chercher la cause (comme en Angleterre) dans la vie occupée des hommes qui n'ont pas le temps de veiller eux-mêmes sur le sexe faible, et s'en remettent à la loi de ce soin. Quant à la galanterie américaine, je soupçonne qu'elle se refroidit quelque peu à New-York. J'ai vu maintes fois une femme rester debout dans un *car* au milieu d'une demi-douzaine d'hommes commodément assis, le nez dans leur journal. Cependant il est juste de reconnaître que le fait est plus rare que chez nous.

Ce qui achève de distinguer l'hôtel américain, c'est le caractère d'établissement public, ouvert *de droit* à tout le monde, que l'usage leur impose et qu'ils subissent avec bonne humeur. On y entre sans hésitation pour lire un journal, pour écrire une lettre, pour faire un tour au lavabo, pour changer de linge dans un cabinet de toilette, pour se chauffer, pour dormir une heure dans un bon fauteuil. Deux hommes d'affaires ou deux *sweethearts* qui se sont rencontrés devant la porte, se réfugient dans le coin d'un salon pour causer de leur marché ou de leur flirt. On se fait adresser une dépêche ou un paquet au bureau ; on y dépose sa valise. De toutes les commodités de la vie qui font de ce pays un objet d'étonnement pour les nouveaux venus, celle-là me paraît être une des plus appréciables.

L'aspect des boutiques et des habitations particulières des quartiers luxueux (5e avenue et partie de Broadway) est absolument londonnien. L'unique promenade étendue de New-York, le *Central Park*, mérite son nom, car elle occupe mathématiquement le centre de la ville, qui affecte elle-même assez régulièrement la forme d'une ellipse très allongée de quinze kilomètres sur un peu moins de trois. *Central Park*, qui n'approche pas du bois de Boulogne, laisse Hyde Park bien loin derrière lui. Le défilé des attelages et des amazones m'a paru au-dessous de l'ordinaire, mais, la *saison* étant déjà finie, les pièces manquent pour un jugement sérieux. Je note l'absence à peu près complète des valets de pied. Toujours l'idée fondamentale des mœurs américaines : A quoi cela sert-il?

New-York est bâtie sur une longue jetée naturelle qui sépare le fleuve Hudson à son embouchure d'un bras de mer nommé East River. Pendant longtemps elle n'a été en communication avec les autres rives que par le moyen des ferry-boats déjà nommés, dont l'organisation est si parfaite et la marche si rapide que je me demande à la vérité s'il ne faut pas les préférer à des ponts. J'imagine que les chevaux qui sont transportés doucement, eux et le fardeau qu'ils traînent, sur une longueur d'un ou deux kilomètres, n'hésiteraient pas à donner la préférence aux ferry-boats, ces ponts qui marchent. Les hommes, moins intéressés au maintien du vieil état de choses, ont jeté sur l'East River un pont suspendu qui est, je crois, le plus grand du monde. Il ne le sera plus, à beaucoup près, le jour où l'on aura construit celui de l'Hudson qu'on dit sur le point d'être entrepris. Le pont de

Brooklyn est la merveille de New-York, au double point de vue de l'ingénieur et du touriste. De cet interminable tablier à cinq voies (deux pour les voitures, deux pour le chemin de fer funiculaire, une pour les piétons), la vue sur l'entrée du port et sur le bras d'East River est au-dessus de toute description. Elle m'a rendu quelques-unes des impressions que j'ai ressenties au premier aspect de la Corne d'Or, moins le ciel, bien entendu, et la note orientale des minarets et des mosquées. Les gens sujets au vertige ne goûteront sans doute qu'à moitié cette promenade sur une passerelle à jour, qui permet de voir verticalement, sous les pieds, le pont d'un navire dont les passagers sont gros comme des mouches, et dont les mâts semblent s'allonger vainement pour agacer de leurs banderoles ce moderne colosse qui les regarde dédaigneusement passer entre ses jambes.

J'ai visité complètement — et très agréablement — le *New-York Herald*. Nos journaux ont des « hôtels » ; ceux d'ici ont des usines véritables. Celle du *New-York Herald* suffirait sans peine à la fabrication des dix plus grands journaux de Paris ; je me demande si l'on pourrait trouver dans ces sept étages un coin pour faire danser ou pour jouer la comédie. Mais à quoi cela sert-il... du moins en Amérique ?

On devine ce que peut être l'installation matérielle d'un journal qui occupe régulièrement soixante reporters et quatre-vingts compositeurs (portés à cent vingt pour le numéro du samedi). Voici un détail curieux de l'organisation intellectuelle. A côté de l'immense salle de la bibliothèque se trouve le bureau du *répertoire*, dont les archives occupent d'innombrables casiers. J'ai pris au hasard le mot *ours*, et l'on m'a remis immédiatement une fiche indiquant tous les articles de l'*Herald* où il a été parlé d'ours depuis l'année 1840, l'article étant désigné par le quantième, la page, la colonne et la ligne. Certes, cela ne vaut pas la collection des articles de Janin, de Gautier ou de Sainte-Beuve; mais cela prouve un certain mérite dans la direction..., et le directeur voyage dans ce moment-ci sur son yacht entre Sumatra et les Indes. Du moins on le suppose. Malgré les habitudes errantes de Gordon Bennett, chaque soir, où qu'il soit censé être, la lampe de son cabinet est allumée, et le feu flambe, si c'est en hiver. Le chef veut qu'on sente toujours sa main à la roue maîtresse de la grande machine, de près ou de loin.

Ce soir j'ai dîné dans le monde comme il faut de New-York, chez les Corbin. Ce que nous appellerions à Paris leur « petit hôtel » de la Cinquième Avenue a servi de demeure autrefois au père de Gordon Bennett. Mes hôtes américains ont payé leur maison la jolie somme de deux millions. Elle est estimée davantage aujourd'hui. C'est dire que la propriété bâtie vaut quatre ou cinq fois à New-York ce qu'elle vaut chez nous; mais ce qui augmente encore énormément cette valeur, c'est l'absence des droits fiscaux qui dévorent rapidement en France la substance foncière. M. Corbin me disait :

— Si je voulais vendre la maison où nous sommes, les frais s'élèveraient à environ vingt-cinq francs.

Et le gouvernement des États-Unis commence littéralement à ne plus savoir que faire de son argent ! J'en connais d'autres qui sont non moins embarrassés... pour des causes différentes.

La table aussi hospitalière qu'élégante où j'ai eu l'honneur de m'asseoir peut être décrite par un mot : elle ressemblait à ce qu'il y a de mieux chez nous dans le genre. Comme surtout de milieu, une véritable montagne de résédas, supportant une forêt de boules de neige blanches. Au-dessus un globe renfermant une lampe électrique et presque voilé d'un lacis de plantes grimpantes. Cuisine superlativement soignée ; menu distingué et délicat ; un ou deux plats à peine ont légèrement étonné mon palais parisien. Mais j'ai noté, pour les maîtresses de maison qui voudront bien me suivre dans mon voyage, l'idéal entremets que voici : figurez-vous, sur un grand plat d'argent, une moisson d'énormes roses fraîchement cueillies, avec leurs feuilles et leurs tiges. Chacune de ces roses contenait au centre de sa fleur une glace à la rose — exquise — qu'il fallait découvrir dans son nid parfumé. Allons! artistes parisiens, hâtez-vous de copier cette idée et rougissez d'en avoir laissé l'honneur à l'Amérique.

Jusqu'à ce soir j'étais un peu en froid avec les Américaines de New-York dont la beauté et les toilettes — en ce que j'avais pu voir — n'avaient pas tenu les promesses faites par leur réputation. Mais en quittant miss Corbin et ses charmantes amies, j'étais réconcilié, et même beaucoup trop, puisque j'allais partir! Du moins je ne partirai pas sans adresser un souvenir d'admiration respectueuse à la belle miss

Campbell, ma spirituelle et amusante voisine, à qui rien ne manquait de ce qui peut rendre une femme irrésistible, rien, pas même une pointe de poésie.

Quoi! direz-vous, une Américaine de la Cinquième Avenue, poétique!... C'est que miss Campbell a dans ses jolies veines bleues du sang écossais, et je compris, après qu'elle m'en eut informé, pourquoi ce noble visage rayonnant d'intelligence, ces beaux yeux facilement rêveurs, m'avaient fait songer à l'éblouissant portrait de Marie Stuart qui éclaire toute une salle du palais d'Holy-Rood. Il est vrai que la toilette y aidait beaucoup et, certes, jamais la fraise en filigrane d'or des belles dames du XVIe siècle ne découvrit un cou plus délicieusement ondoyant dans sa grâce neigeuse. De bonne heure elle se retira, glissant comme une apparition fuyante sur le tapis que balayaient les plis de sa robe de satin vieil or. Elle partit — et ce fut bien heureux; car, à minuit, je devais prendre l'express pour Boston... J'étais arrivé à New-York par le brouillard et la pluie. J'allais en partir charmé, reconnaissant, ébloui. O mes belles amies de France, pardonnez-moi cette infidélité... trop courte!

III

DE NEW-YORK A QUÉBEC

Winchester. — Le *Decoration Day*. — Boston. — L'Université de Cambridge. — Montréal. — Le Saint-Laurent. — Québec, ses environs et ses souvenirs. — Le Canada français. — Le *Dominion canadien*.

Dimanche 1er juin (17).

Je viens de passer quatre bonnes journées chez mes amis Bacon à Winchester, ravissant village situé à douze kilomètres de Boston. D'après un proverbe américain : à New-York, on vous demande ce que vous possédez, à Boston ce que vous savez, à Philadelphie qui était votre père. Cela veut dire que Boston est la ville savante et artistique des États-Unis; mais les affaires n'y sont pas négligées, et le mouvement du quartier consacré au *business* n'est pas moins effrayant que celui de New-York, d'autant que les rues sont plus étroites, et que l'*elevated* n'est pas là pour transporter, à la hauteur du premier étage, quelques centaines de milliers de personnes qui sont toujours cela de moins pour le pavé.

Mais revenons d'abord à Winchester, qui est le Saint-Germain ou le Maisons-Laffitte de Boston. Dans la jolie villa de mes amis, bâtie à mi-côte d'une colline plantée de hêtres et de sapins, j'ai goûté les charmes de la villégiature américaine avec tout son confort, et, ce qui vaut encore mieux, l'hospitalité la plus affectueuse. Francis Bacon, lui aussi, est un grand voyageur, mais à sa façon, qui ne conviendrait pas à tout le monde. Il est allé en canot, seul avec un camarade, de Londres à Constantinople et en Asie-Mineure, par la Manche, le Rhin, le Danube et la mer Noire. Le musée de

Boston est plein de trésors qu'il a déterrés en Grèce et dans l'ancien royaume de Pâris. Mais il n'avait pas des yeux seulement pour les terres cuites et les marbres. Un jour, au sommet du mont Ida, il a rencontré une jolie et gracieuse femme qu'il a épousée, et qui est devenue la plus accomplie des maîtresses de maison américaines, après avoir été, avec ses sœurs, la joie d'une des familles les plus distinguées de l'Orient. Nous nous étions retrouvés, l'année dernière, sur les rives de l'Hellespont. Cette année, nous nous sommes revus non loin du chêne fameux autour duquel Washington rassembla les premières poignées d'hommes qui devaient devenir bientôt une armée victorieuse et libératrice. De mon voyage dans la vie et de mes promenades autour du globe, j'ai rapporté ainsi quelques-unes de ces précieuses amitiés qui parfument l'existence, même quand elles ont fleuri auprès d'une tombe.

Avant-hier 30 mai, on célébrait sur tout

le territoire des États-Unis le *Decoration Day*. C'est le jour où l'on décore, en y plantant de petits drapeaux, les tombes de ceux qui ont porté les armes — dans l'un ou l'autre parti — pendant la guerre civile qui éclata, entre le Nord et le Sud, il y a une trentaine d'années. Ce jour-là, d'un Océan à l'autre, de la Floride au Canada, pas un bureau n'est ouvert, pas une lettre n'est distribuée. Les anciens soldats de 1861, devenus des hommes mûrs à la tête grisonnante, reprennent leur bizarre uniforme d'autrefois pour aller, musique en tête, écouter, sous les verts ombrages des charmants cimetières américains, l'éloge funèbre de leurs camarades qui ne sont plus. Ce spectacle des deux moitiés d'une grande nation, célébrant sans haine et sans rancune le souvenir de la plus terrible guerre civile qui fut jamais, ne peut manquer de donner à réfléchir à un Français. Mais il effraye en même temps : un peuple capable d'un pareil trait de sagesse et de bon sens n'est-il pas appelé à régner un jour sur le reste du monde?

Le village de Winchester est éclairé à la lumière électrique. (Ici le bec de gaz fait sourire, comme, en France, les anciens réverbères.) Il est sillonné de conduites d'eau, possède une poste, un télégraphe, une église catholique florissante et autant d'églises protestantes qu'il en faut pour satisfaire les goûts variés de nos frères dissidents, en matière théologique. La gare se trouve, comme partout en Amérique, au centre de l'agglomération, et les enfants jouent sur la voie que sillonnent des trains nombreux, annoncés par une énorme cloche placée sur la locomotive et sonnant à toute volée. Il paraît que les *écrasements* sont beaucoup plus rares qu'on ne pourrait s'y attendre. De bonne heure, l'Américain des deux sexes est habitué à prendre soin de lui-même, au physique et au moral.

Boston, capital du Massachusetts, ville de quatre cent mille âmes, port de mer et centre d'où partent de nombreux rayons de lignes ferrées, est une des importantes cités d'affaires de l'Amérique. Sous ce rapport, bien entendu, je ne puis en parler que par ouï-dire, mais j'ai visité, avec madame Bacon, quelques grands magasins de nouveautés, où le côté *bazar* des nôtres s'accentue encore davantage. On y circule plus facilement, grâce à la suppression de ces promenades et de ces stations que le client est obligé de faire à la caisse, en compagnie de sa famille, s'il en a, et d'un monsieur ou d'une demoiselle portant quelquefois des cartons d'un quart de mètre cube. Ici, ou vous possédez le compte exact de votre achat en monnaie et en appoint, et alors vous filez avec l'objet sans attendre l'autorisation de l'autorité compétente; ou vous n'avez que des bank-notes (la pièce d'or est à peu près inconnue, on trouve le papier plus commode). Alors, voici ce qui arrive : la vendeuse place dans une petite boîte en forme de boule creuse votre versement accompagné d'une fiche indiquant la somme due. La boule, au moyen d'un appareil spécial, monte au plafond et se met à rouler sur un petit chemin de fer aérien, avec embranchements et courbes, qui le conduit à la caisse centrale. Vingt secondes après, la petite boule retombe dans votre main, rapportant fidèlement la monnaie, sans que vous ayez eu besoin de faire un pas inutile. Rien n'est plus drôle que ce plafond sillonné de boules roulant dans tous les sens et trouvant leur chemin sans la moindre erreur et la moindre hésitation. Mais c'est trop simple et pas assez administratif pour Paris.

Ce qui distingue Boston de New-York, c'est le brusque changement qui s'opère dans l'aspect de la rue quand on est sorti du quartier des affaires. Immédiatement, le bruit semble être devenu silence, et la foule solitude, tant le contraste est grand. D'abord, on trouve un vaste espace central, planté d'arbres superbes et tapissé d'un gazon qui l'est moins, vu qu'il sert aux ébats de MM. les gamins bostonniens. Mais, tout à côté, un admirable jardin public, fermé de grilles et soigné avec amour, continue la perspective. C'est le rendez-vous des mamans, des bonnes et des nounous de la haute, avec cette note inattendue qu'au lieu de promener les marmots dans la voiture aux chèvres, on les promène en périssoires sur des pièces d'eau. Je dois dire que, pendant que j'étais là, je n'en ai pas vu noyer un seul. Chez nous, le bassin serait bientôt comblé par des cadavres de petits Parisiens. Là se manifeste déjà la différence entre l'éducation des deux mondes.

Le boulevard Common Weath, long d'une demi-lieue, large d'une centaine de mètres, avec une partie médiane gazonnée et plantée, sera un jour, quand les arbres auront grandi, l'une des plus belles voies urbaines qu'il y ait au monde. En voyant les charmants hôtels de brique d'un rouge ardent qui le bordent, et dont les façades sont tapissées de rideaux de lierre du plus heureux effet, on ne se douterait pas que la marée envahissait, il y a vingt ans, ce qui est aujourd'hui le quartier le plus élégant de la grande cité. Mais ici, comme à New-York, je parle surtout par ouï-dire de cette élégance. La saison d'été est commencée; la plupart de ces demeures sont fermées hermétiquement.

A une lieue de Boston s'élève la curieuse ville de Cambridge (soixante-dix mille habitants), fameuse dans toute l'Amérique et même en Europe par son Université, copiée sur celle du même nom en Angleterre. Là, le jeune homme reçoit l'éducation et l'instruction la plus complète, depuis les éléments de la grammaire jusqu'à la thèse de docteur en toutes les facultés. Il y a même une section pour les jeunes filles, et, quand j'ai visité le théâtre de l'Université, grand comme une de nos petites scènes parisiennes, une de ces demoiselles s'exerçait à parler devant un auditoire imaginaire composé seulement d'une maîtresse de déclamation qui lui donnait des conseils. Cette immense institution comprend un nombre infini de constructions diverses, disséminées dans une sorte de parc aussi étendu qu'un quart du bois de Boulogne. Collèges, églises, musées, bibliothèques, gymnases, rivalisent de style ou de dimensions. Le *Memorial Hall*, énorme salle garnie des portraits des anciens élèves devenus des hommes remarquables ou fameux, sert de réfectoire, où un millier de jeunes convives se groupent autour des tables dont j'ai admiré la propreté minutieuse.

Outre le chêne de Washington dont j'ai parlé plus haut, j'ai salué là une maison sur laquelle plane encore le souvenir du fameux chantre d'*Évangéline*, le poète Longfellow, qui y passa sa vie, et dont une fille non mariée l'habite encore.

Hélas ! en voyant les élèves jouer au *base-ball* sur leurs magnifiques *grounds*, j'ai pensé au jeu de *balle au carré* (presque pareil) où j'étais si fort jadis, et j'ai salué cette autre chose que je reverrai moins encore qu'Évangéline ne revit son pays; je veux dire : la jeunesse...

Mais il ne faut pas s'endormir à Winchester, cette Capoue de l'amitié. Allons, voyageurs! En route pour Montréal!

Lundi 2 juin (18).

M'y voici après une nuit de sleeping-car où j'ai bien dormi, mais pas assez pour ne pas voir, de bon matin, l'admirable traversée du Saint-Laurent sur lequel aucun pont n'est plus jeté avant son embouchure.

Canada! nom tout à la fois cher et triste pour un Français fidèle aux glorieux souvenirs du passé de sa patrie!... Sur cette terre que je foule, et qui devrait être aujourd'hui la plus admirable de nos colonies, je vais retrouver à chaque pas des perles tombées de la couronne autrefois portée par saint Louis : la religion de nos pères, notre belle langue, nos mœurs, notre architecture et jusqu'aux noms familiers à mon oreille. J'y retrouverai aussi de larges taches d'un sang illustre, et je connaîtrai cette douceur, aujourd'hui si rare, de me voir accueilli, respecté, fêté sur une terre étrangère, *parce que* je suis Français !

Ottawa est la capitale politique du *Dominion canadien*. Montréal est sa ville la plus importante. Les steamers transatlantiques qui s'arrêtaient naguère encore à Québec, remontent aujourd'hui le Saint-Laurent jusqu'à Montréal. On y trouve la plus grande banque du Canada et aussi des établissements d'éducation renommés jusqu'aux États-Unis, parmi lesquels je citerai celui des jésuites et celui des dames du Sacré-Cœur. Mais le touriste n'a guère qu'une excursion vraiment curieuse à faire ici : celle du mont Royal qui donne son nom à la ville. De cette colline boisée, le regard s'étend sur la ville, sur le cours du Saint-Laurent et sur une plaine immense. Le panorama est un de ceux dont on se souvient. Les navires du port sont pavoisés, et le pavillon britannique flotte sur tous les édifices publics, car le duc et la duchesse de Connaught viennent d'arriver.

Il me paraît qu'on les a reçus un peu froidement, comme des hôtes que l'on n'avait pas invités, et dont la politesse, après tout, est un peu gênante. Aussi bien je devine vaguement une impression de gêne dans la conversation de toutes les personnes avec qui je cause, Anglais purs ou Canadiens français. Vous est-il arrivé de mettre un gendre bien élevé mais indépendant sur le compte de sa belle-mère? Il est trop franc pour vous dire qu'il l'adore, trop réservé pour vous avouer qu'il la déteste. Et puis elle a du bon; elle possède une grosse fortune; elle habite loin et pourrait être, en bonne justice, infiniment plus tyrannique pour le ménage. Voilà, si je ne me trompe, un aperçu de l'état des sentiments et des relations entre le Canada et sa puissante suzeraine.

Ce soir, je me suis embarqué sur le Saint-Laurent, accompagné de Boissieu que j'ai retrouvé à l'excellent *Windsor*, et, sans pouvoir juger des impressions qui nous attendent sur le reste de notre route, nous avons compris qu'aucune d'elles ne dépassera l'enchantement de ces heures passées entre la splendeur de la terre et la splendeur du ciel. Comment décrire la glorieuse poésie de ce coucher de soleil, l'immense cours d'eau, l'un des plus majestueux du monde, changé dans l'espace de quelques minutes en une plaine d'or liquide, le long crépuscule des pays du Nord s'attardant sur la plaine?...

Mais la Nature voulait nous favoriser d'une fête complète. Bientôt la nuit qui commençait à s'approcher, recula brusquement, vaincue par l'égide argentée de la pleine lune. Et, tandis que les rives fuyaient au loin derrière l'impalpable réseau d'un voile de brume, de vagues souvenirs, des lambeaux de phrases, pures comme une mélodie apprise par cœur dans mon enfance, ont fait entendre à ma mémoire un appel lointain, mystérieux et très doux. *Quelqu'un* parlait à mon âme, et ce *quelqu'un* je l'ai reconnu, en voyant la clarté de la lune « dormir sans mouvement sur le gazon » d'une île du fleuve. C'était Chateaubriand!

Mardi 3 juin (19).

Presque à l'aurore nous avons quitté les couchettes de nos excellentes cabines pour jouir du spectacle de l'arrivée à Québec. Un immense calorifère presque rouge chauffe le salon où notre capitaine dort paisiblement, dans un bon fauteuil de velours rouge. Le beau temps lui permet de s'accorder cette douceur et, quant aux beautés du paysage, il doit commencer à les connaître. Depuis cinquante ans il fait tous les jours la même route, — excepté pendant les mois où le

Saint-Laurent est enchaîné par le souffle glacial de Borée.

La ville de Québec s'élève à peu près à pic sur une pointe avancée, au centre d'un X énorme que Jacques Cartier avait toutes les raisons possibles d'appeler un « délectable affourquement d'eau ». Les deux bras d'amont sont fournis par la rencontre du Saint-Laurent et du Saint-Charles; ceux d'aval, par deux divisions du grand fleuve coupé en deux par l'île d'Orléans.

Nous ne sommes pas débarqués depuis une heure, et déjà l'abbé Cassegrain, l'éminent historien du Canada, descendant d'une vieille souche française, vient s'emparer des deux voyageurs parisiens. Ah! l'aimable, excellent et savant cicerone! D'abord nous parlons d'un vénérable ami commun, dont le nom arrive tout naturellement à cette place: le vieux voyageur au Canada, Xavier Marmier. Et tandis que nous gémissons sur les tribulations du cher académicien dont la pioche des démolisseurs renverse la maison, une voiture nous emporte au champ de bataille d'Abraham, où tomba l'héroïque mais trop bouillant Montcalm. Visiter avec un pareil guide ces lieux sacrés dont il sait faire parler tous les souvenirs glorieux et poignants, c'est une bonne fortune qui vaudrait à elle seule la traversée de l'Atlantique.

Ensuite, toujours escortés de ce bienveillant compagnon, nous allons, à douze kilomètres de Québec, faire une visite très intéressée à M. et madame Price, dont la villa hospitalière domine la cascade de Montmorency, fière d'être de moitié plus haute, sinon aussi abondante, que celle du Niagara. La rivière de Montmorency, comme une vassale trop pressée de payer son tribut, précipite ses eaux d'une hauteur de quatre-vingt-dix mètres dans le Saint-Laurent qui ne semble pas s'apercevoir de cette offrande versée avec un bruit de tonnerre. L'endroit est pittoresque entre tous, bien qu'un peu gâté par des tuyaux de dimensions colossales qui volent aux naïades une partie de leurs richesses pour actionner la turbine à laquelle Québec tout entier, rues et maisons, doit son éclairage électrique. Les Price assaisonnent leur cascade d'un lunch qui n'a guère moins de succès, car l'heure s'avance, et nous revenons à Québec, laissant à *Montmorency Falls* de nouveaux amis pour en retrouver de plus anciens : le comte de Turenne, consul général de France ; son aimable femme et sa belle-fille, une des jeunes personnes les plus accomplies qui se soient transplantées du sol étranger dans le nôtre.

Mais n'imitons pas ces voyageurs qui remplissent de longues pages à raconter leurs conversations avec des compatriotes, sur Paris, ses pompes et ses œuvres. Nous avons tout le temps d'être Parisiens.

La curiosité de Québec est la citadelle, où des canons inoffensifs semblent gardés surtout par un bel ours noir, que j'ai trouvé en train de faire une partie de tonneau, c'est-à-dire de se distraire avec une futaille vide qu'il roulait de sa grosse patte comme un chat fait d'une pelote de laine. Du bastion avancé, la vue s'étend sur les quatre branches de l'X, sillonnées de steamers, de voiliers et de ferry-boats reliant Québec à la ville de Lévis (encore un nom agréable à retrouver), située sur l'autre rive. Je ne connais que le Bosphore qui puisse rivaliser avec ce point de vue, mais je doute qu'il l'emporte, sauf par le ciel et la lumière.

Il paraît qu'il faut voir Québec en hiver, plaisir que je n'ai pas eu, bien que j'y aie encore trouvé des amas de neige achevant de fondre et que j'aie assisté à la première éclosion des fleurs des pommiers. Entre nous, je me crois peu fait pour goûter la séduction de trois pieds de neige et de quarante degrés au-dessous du zéro centigrade. Tout ce que je peux dire, c'est qu'en été Québec a l'aspect d'une ville pauvre, terriblement montueuse, et qui semble la capitale du royaume du bois, tant cette matière est employée ici avec profusion. On en fait les maisons (et Dieu sait si elles brûlent), les trottoirs des rues et même des routes en pleine campagne; on en fait tout, excepté du feu, car les maisons sont chauffées par des tuyaux où circule l'eau bouillante.

Je n'ai pas eu l'honneur de voir le cardinal, qui est une autorité à peu près absolue, dans un pays où le clergé catholique conserve une grande partie de la puissance matérielle et morale qu'il avait chez nous avant la Révolution. Il paraît que les jeunes Canadiennes ne valsent pas « parce que le cardinal l'a défendu ». J'admire, je m'incline et je me tais... non sans les plaindre un peu. L'ambition des familles les plus haut placées du Canada est de compter un prêtre parmi leurs enfants et, soit dit en passant, ces enfants brillent par le nombre. Dans la seule province de Québec, peuplée d'un million d'habitants, on compte six cents pères d'une progéniture atteignant le chiffre de douze et au-dessus. Le grand séminaire de Québec renferme six cents jeunes lévites. Je me demande si un usage suivi par les évêques du Canada ne contribue pas à maintenir en grand honneur la vocation sacerdotale : ils vont ordonner les jeunes prêtres dans leur paroisse natale, et cette cérémonie est l'occasion de grandes fêtes. Je trouve cette pratique aussi intelligente que conforme aux idées de la religion.

Tout le monde sait que le Canada et les régions glacées qui le confinent au nord abondent en animaux de toute taille, dont les fourrures sont plus ou moins précieuses. Les touristes trop douillets ou trop pressés, qui ne veulent pas ou qui ne peuvent pas s'accorder le plaisir d'une chasse au Labrador, feront bien d'aller voir, à Québec, les prodigieux magasins de M. La Liberté, un des princes du commerce des fourrures dans le monde entier. Je leur prédis qu'ils seront émerveillés — sinon enrichis — de leur visite à ce musée sans pareil de la plume et du poil.

En revanche, je leur conseille vivement de ne pas se loger à l'hôtel de Florence, le premier de l'Amérique où, jusqu'ici, j'aie été écorché... comme si j'avais été un castor ou une loutre.

Le seul nom du Canada soulève en France une émotion qui paraît s'être sensibilisée depuis nos derniers malheurs. Il soulève aussi des questions politiques redoutables, et n'est peut-être pas le moins agissant parmi les ferments de discorde qui aigrissent, beaucoup plus qu'on ne le sait à l'extérieur, les sentiments réciproques de l'Angleterre et des États-Unis. Quelque jour ces deux pays étonneront le monde par la manifestation foudroyante d'une haine nationale qui se recueille et se contient, avec une réserve que d'autres peuples devraient imiter.

Ceux d'entre nous qui prétendent scruter la pensée intime du Canada ou prophétiser son avenir, me paraissent ne pas tenir un compte suffisant de certaines circonstances. Il ne faut pas oublier que le Canada proprement dit est, au point de vue de l'espace, une infime parcelle, noyée dans l'immense organisation territoriale connue sous le nom de *Dominion canadien*, et s'allongeant, comme les États-Unis, d'un océan à l'autre. Il ne faut pas perdre de vue les chiffres respectifs de la superficie et de la population de ces deux entités politiques voisines : neuf millions trois cent mille kilomètres carrés et soixante-deux millions d'habitants pour la grande République américaine; huit millions trois cent mille kilomètres carrés et *cinq millions* d'habitants pour la Confédération agglomérée sous la suzeraineté de l'Angleterre. Que l'on médite soigneusement les termes si peu semblables de l'équation !

Quant au véritable sentiment du Canada envers la France, il faut, selon moi, bien distinguer entre le passé, le présent et surtout l'avenir. Que les fils de notre vieux sol se souviennent de nous avec orgueil, reconnaissance et tendresse, la chose n'est point à discuter, et je serais bien ingrat moi-même en ne le proclamant pas avec une émotion très douce. Comment n'aurais-je pas été touché dans toutes mes fibres, seulement à voir le soin jaloux, l'amour sincère avec lesquels notre chère et belle langue est conservée, honorée, défendue ici comme un drapeau? Sur ce drapeau, je le dis sincèrement, mon œil de voyageur trop hâté a cru lire le mot d'*indépendance*. D'autres, je le sais, y lisent quelque chose de plus. Je m'incline, résolu à ne pas dire et désireux de ne pas penser qu'ils se trompent.

Toutefois, quand je considère les mœurs, le caractère, le genre de vie du Canadien français *rural*, quand je le vois austère et frugal dans son existence, amoureux de son champ, insatiable, pour ainsi dire, de la gloire d'une postérité nombreuse, zélé pour sa religion, respectueux pour ses prêtres, plein de déférence pour les vieux noms de son histoire qui fut la nôtre, quand je le vois aimer presque tout ce que nous méprisons et haïssons, je me sens repris de cette gêne que j'ai ressentie en mettant le pied sur cette noble terre. Et je m'éloigne, ayant le cœur serré, moi aussi, par le regret, et saluant bien bas la vieille devise canadienne, la plus belle qu'un peuple ait jamais inscrite au bas de ses armoiries :

Je me souviens !

IV

DE QUÉBEC A VANCOUVER

Le trajet de Québec à Toronto. — La ville de Toronto. — Le lac Ontario. — Les chutes du Niagara. — Chicago. — Les boucheries. — Les hôtels. — Croquis de mœurs. — Le Mississipi. — Saint-Paul. — Minneapolis. — La Prairie. — Une ferme et un fermier dans le Nord-Ouest. — Les derniers Indiens. — Whitewood. — Les montagnes Rocheuses.

Il faut dix-huit heures de chemin de fer de Québec à Toronto, ce qui n'est pas aller vite, puisque la distance ne dépasse pas huit cent soixante kilomètres. Mais, jusqu'ici, je n'ai pas rencontré sur les railroads américains ces vitesses vertigineuses dont la seule pensée fait frissonner les cœurs timides de l'ancien monde. En général, je ne le regrette pas. *Chi va piano va sano*, c'est-à-dire peut prendre une idée ou un commencement d'idée du pays qu'il traverse. Mais, entre Québec et Montréal, un pays plat, encore incomplètement défriché, très arrosé, n'a rien qui puisse intéresser le touriste. Les voyageurs, plus nombreux qu'élégants, parlent pour la plupart un français traînant qui ferait croire que l'on traverse le pays de Caux, sans la vue des troncs calcinés de la forêt où l'émigrant se prépare à reconquérir le sol sur la nature. Un monsieur à l'air respectable, vêtu de noir sous un cache-poussière gris, et coiffé d'un chapeau melon, m'informe, sur ma demande, que ces voyageurs sont des pèlerins partis la veille d'une paroisse encore éloignée — dont il est le curé. Ils viennent de prier « la bonne dame », autrement dit sainte Anne, dans un sanctuaire vénéré par tout le Canada à l'égal de celui d'Auray, en Bretagne, et situé sur une colline qui domine le Saint-Laurent, à peu près à quinze lieues en aval de Québec. Du reste, tous les noms de ce pays ont une physionomie pieuse et vénérable; il n'est guère de station qui ne soit un *Saint quelque chose*; en voici une qui s'appelle l'Epiphanie. Et tous ces braves gens, leur médaille à la boutonnière, me font penser aux trains de Lourdes, moins les malades. Le Canada est le pays de la santé par excellence, et sa foi n'en est que plus digne de respect, pour être plus désintéressée.

Souper misérable, après Montréal où l'on ne s'arrête pas, sur la table de notre compartiment. Boissieu fait à mauvaise fortune bon visage; mais ce Parisien — au fond inconverti — regrette visiblement les menus de l'Union. Nous nous couchons après un cigare un peu mélancolique dans un fumoir mal composé, et

Jeudi, 5 juin (20).

nous arrivons vers les huit heures à

Toronto, ville née d'hier, sur les bords du lac Ontario, possédant déjà cent soixante-quinze mille habitants et appelée, dit-on, à devenir une rivale dangereuse pour Montréal lui-même. Rien n'est mieux fait pour surprendre et confondre un habitant de la vieille Europe que la vue de ces cités en germination. Ici, par exemple, à vingt pas d'une banque, d'une église ou d'un hôtel de premier ordre (comme *Queen's Hotel* qui est déjà merveilleux), la rue s'arrête tout à coup et n'est plus continuée que par les inévitables trottoirs en bois marquant, à travers la campagne, l'alignement des maisons futures. Au numéro 1, on vous paiera à vue une traite de cent mille dollars (je n'en parle que par ouï-dire, je l'avoue). Au numéro 3, on imprime un journal dont le *Figaro* envierait le tirage. Au numéro 5, la maison s'élève; au 7, on creuse les fondations; au 9, les enfants font la chasse aux grenouilles dans la prairie inondée. Le soir venu, des torrents de lumière électrique se répandent également sur la banque, sur le journal et sur les grenouilles. Dans un an, ce terrain se vendra *au pied carré*, et plus cher que celui de la place Vendôme.

Le lac Ontario, un des moins considérables des « grands lacs » d'Amérique, a trois cents kilomètres de long sur quatre-vingts de large. Nous le traversons en bateau à sa pointe occidentale, pour gagner les chutes du Niagara; mais la guigne est contre nous. Une correspondance est manquée; il faut poser deux heures, en attendant un train, sur l'autre rive, si bien qu'il est sept heures et demie du soir quand nous arrivons au bord d'une crevasse creusée à pic dans le rocher, dont les parois, hautes de soixante mètres, sont éloignées l'une de l'autre d'une distance six fois égale. Sur le bord opposé de l'abîme, au même niveau où nous nous trouvons, notre regard remonte au loin le cours d'un fleuve immense, qui passerait exactement là où nous sommes, s'il continuait son cours en droite ligne. Mais, en même temps qu'il tourne à angle droit sur notre gauche, il s'engloutit soudain au fond du gouffre dont une frêle balustrade de fer nous sépare seule. Un peu plus haut, c'est une nappe d'eau de plus d'un kilomètre de large qui coule majestueusement. Et là, sous nos pieds, c'est un écroulement continu d'une incommensurable masse liquide qui hurle, gronde, se révolte avec des bruits de tonnerre. Il me semble, au milieu des ombres déjà croissantes, que j'assiste à quelque scène continuée à travers les âges du grand drame de la création, que je surprends audacieusement le mystère de ces premiers vagissements du monde, alors que la lumière était encore inachevée, et que les oscillations indécises du chaos ouvraient ou refermaient au hasard le passage des mers, parmi les montagnes fendues ou ressoudées. La nuit tombante, l'étrange beauté d'un coucher de soleil qui empourpre derrière moi un tiers du ciel, des éclairs qui semblent plonger jusqu'au fond de l'énorme crevasse (le tonnerre gronde peut-être, mais sa voix est couverte par l'*autre*), enfin, par-dessus tout, le nuage de vapeur qui remonte du gouffre comme pour cacher aux yeux une catastrophe de la nature, tout cela donne à la scène un caractère de majesté terrible et pourtant calmante que je ne saurais plus oublier, tant que je me souviendrai de quelque chose.

Mais il fait nuit; le vent rabat sur nous, en pluie glacée, cette poussière d'eau qui se brise; il est temps de regagner *Clifton House*, sur la rive canadienne que nous n'avons pas encore quittée (et qui est celle où il faut choisir son gîte). Dans cette charmante résidence, entourée de beaux arbres dont le feuillage prend un air de fête aux rayons de la lumière électrique, de grands feux sont encore allumés, tant le voisinage des chutes humecte et refroidit l'atmosphère.

Il est tard, et les nuits de sleeping-car, même américain, ne disposent pas à une veille prolongée. La grande voix n'a pas besoin de me bercer longtemps de son grondement égal, si puissant qu'il faut élever la voix pour se faire entendre sur la terrasse qui longe ma chambre, à un kilomètre de la plus formidable cascade du monde. Dieu est grand d'avoir fait ces choses; il est bon de me les avoir montrées... Quelqu'un, avec qui j'aurais voulu les voir, n'est plus là !...

Vendredi 6 juin (21).

Les chutes ne font que gagner à être vues de plein jour. En ce moment, les eaux grossies par la fonte des neiges sont chargées de limon, et la petite cataracte, séparée de son aînée par un îlot cramponné à l'arête du précipice, ressemble à une immense toison de brebis mollement agitée par la brise. Au contraire, la grande cataracte (dite du Fer à cheval à cause de sa forme) paraît être alimentée de jade liquide. A mes pieds, un petit vapeur, qui semble de la dimension d'une infime nacelle, se donne l'air de vouloir « pousser au monstre », comme Hippolyte, et remonte le courant de toute la force de son hélice. Mais, à un demi-kilomètre dudit monstre, un remous le fait tourner comme un brin de paille, et le voilà qui file comme une flèche à la dérive, non sans avoir donné à ses passagers le plaisir d'un bain complet.

Dédaignant le bateau, mon compagnon et moi avons pris une voiture, et, pendant quatre heures, le cocher nous a promenés consciencieusement en aval et en amont des chutes, nous faisant traverser la crevasse sur des pont suspendus, légers comme des fils d'araignée, et sur lesquels cependant d'énormes trains s'arrêtent cinq minutes, pour permettre aux voyageurs d'admirer le point de vue.

Le côté américain ne vaut pas l'autre. Ici on assiste au spectacle du bord des coulisses, et sans reculement; mais la végétation est admirable, et la vue de la rivière en aval de la chute est d'une incomparable majesté. Quoi qu'il en soit, je me sens las d'être englouti et restitué par des élévateurs, d'être sollicité par des photographes, d'endosser des caoutchoucs pour aller *sous* la cascade, de m'asseoir dans des kiosques baptisés *Inspiration's point*, et surtout de verser des demi-dollars. Je reviens au point où j'étais hier soir, le vrai, le seul. Et, une dernière fois, je m'oublie en cette admiration de l'artiste qui est une sorte d'adoration de la chose créée, avec cette mélancolie qui est en nous, chaque fois qu'en présence d'un grand spectacle nous devons nous dire :

— Mes yeux ne le reverront plus.

Dimanche 8 juin (23).

Je me demande une fois de plus à quoi servent les ponts. Quand il a fallu traverser le détroit qui sépare le lac Huron du lac Érié, notre train, coupé en trois tronçons, a été roulé sur les trois fausses voies d'un ferry-boat qui a passé le tout sur l'autre rive, tandis que la douane des États-Unis faisait sa visite, car nous sortions du Canada. Les voyageurs qui dormaient ne se sont aperçus de rien. Ces ferry-boats font mon admiration.

Et maintenant il faut parler de Chicago, où je viens de passer quarante-huit heures, les plus intéressantes, à certains points de vue, que j'aie passées en Amérique. Chicago, en effet, est la quintessence de la vie, du commerce, de l'activité, de la puissance de production de ce pays prodigieux. Chicago, fondée en 1835, plus qu'à demi brûlée en 1871, est aujourd'hui une ville de douze cent mille habitants, occupant au fond du lac Michigan un espace de vingt-quatre kilomètres de long sur six ou sept de large. On y trouve trente-deux gares de chemins de fer, et les rails de huit grandes compagnies différentes sont à la disposition du voyageur qui veut se rendre, par exemple, à New-York. Son port est d'une grande importance, bien que ce soit seulement un port de lac; mais ce lac a sept cent vingt kilomètres de long sur cent trente de large et communique avec d'autres non moins étendus. Enfin, que voulez-vous que je vous dise? Chicago... est Chicago. (Traînez, s'il vous plaît, en mettant un accent circonflexe sur chacune des deux dernières voyelles. C'est la prononciation *chic* du nom.)

Voici les principales curiosités que Chicago offre au touriste : d'abord les fabriques de conserves de viande. J'ai visité celles d'Armour, qui opère avec un égal succès sur le cochon, le mouton et le bœuf, mais qui me paraît avoir une préférence marquée pour le cochon.. Prenons donc cet animal intéressant mais malheureux pour type de notre étude.

Un train de porcs arrive de l'Ouest, le pays des grands élevages. Tous les voyageurs descendent de voiture, et, à peine sur les quais des *Stock-Yards*, leur débarcadère spécial, grand comme la moitié du champ de Mars, sont invités à s'engager dans un couloir à plan incliné qui serpente au loin pour aboutir au premier étage d'un bâtiment de mauvaise mine. Ces pauvres diables s'avancent, au petit galop de chasse que vous leur connaissez, dans le funèbre corridor. On voit qu'ils sont ravis de pouvoir enfin se déraidir les jambes après un long voyage, et cette épouvantable illusion, sitôt détruite, n'est pas la note la moins pénible de l'ensemble du spectacle.

Arrivés à ce qu'ils prennent sans doute pour un hôtel Terminus quelconque, les clients sont reçus dans un vaste appartement, composé de plusieurs pièces qui se commandent et qu'ils remplissent bientôt. Dans la dernière, un homme manœuvre un crochet de fer suspendu au plafond par une chaîne. Au hasard, il passe le terrible crochet à la patte de derrière d'une de ses victimes. Le crochet monte, et voilà un cochon qui se démène, la tête en bas, avec des cris affreux. Mais déjà il roule sur une poulie, le long d'une tringle de fer qui l'entraîne par une porte. A cette porte, un autre homme, armé d'un tout petit couteau, fait un geste à peine visible, et le patient est égorgé. Ce geste moelleux et doux se répète six ou huit fois dans une minute. Faites un calcul très simple, et vous trouverez cinq mille cochons de moins et dix mille jambons de plus au bout de la journée, ce qui vous explique les cent cinquante millions du fameux Armour.

Je m'abstiens de détails sur les scènes suivantes du drame. Toujours pendu à sa chaîne, toujours roulant sur sa poulie, presque sans s'arrêter, le défunt animal traverse une piscine d'eau bouillante, puis un jeu de brosses mécaniques d'où il sort rasé et tondu, puis divers ateliers où il subit des opérations diverses qui durent chacune quelques secondes. Que vous dirai-je ? *Sept minutes* environ après le premier incident du crochet passé à sa patte, le cochon, débarrassé de sa tête, de ses pieds et de beaucoup de choses plus intimes, refendu en deux dans sa longueur comme un madrier, arrive à la porte de la glacière, où il va refroidir en attendant le saloir. Et déjà, dans une pièce voisine, on lui tresse une couronne funèbre de ses propres saucisses. Je n'ai pas besoin d'engager les personnes sensibles à se priver de l'excursion chez Armour.

Je me demande si je les conduirai à l'*Auditorium*, qui est peut-être l'hôtel le plus curieux du monde. Mais ce qu'il y a de plus curieux est la salle à manger (quarante-cinq mètres de long), située au *douzième* étage. Il faudra prendre l'ascenseur, d'autant plus qu'il n'y a peut-être pas d'escalier ; or, les ascenseurs de Chicago ne montent pas, ils bondissent ; ils ne descendent pas, ils tombent. C'est à faire évanouir une personne impressionnable. Notez que l'ascenseur de l'*Auditorium* élève les amateurs jusqu'au dix-huitième étage. Je ne me souviens plus du nombre des chambres ; j'ai vu le numéro 900 sur une porte. Dans chaque appartement, en guise de sonnette, se trouve une manivelle qui peut se placer en face des indications suivantes portées sur le cadran :

Mes bottines. — Le médecin. — La blanchisseuse, pour lui donner mon linge. — La même, pour le recevoir d'elle nettoyé. — Du feu. — De la chaleur (par le calorifère à vapeur). — Un bain. — La liste des vins. — Le garçon. — Un commissionnaire. — Un landau. — Un cab. — Un coupé. — La femme de chambre. — Un imprimé pour le télégraphe. — De quoi écrire. — Un porteur pour descendre mes bagages. — La note. — Les lettres et les paquets à mon adresse. — L'homme de veille. — De l'eau glacée (les Américains en boivent tout le temps), — et enfin l'indication : *Reçu l'objet demandé.*

Cet exemple du fonctionnement prompt et mécanique, cher aux Américains, m'a paru intéressant à reproduire. Une chambre à l'*Auditorium*, y compris trois repas, coûte vingt francs par jour. C'est très bon marché, relativement, et ce gîte est à choisir. Un autre hôtel, *Palmer House*, plus ancien, plus fameux et plus *épatant*, montre avec orgueil : 1° son salon de coiffure, dont le pavé de marbre est incrusté de dollars authentiques ; 2° la chambre où couche Sarah Bernhardt quand elle vient à Chicago. Une légende du lieu raconte qu'une cloison en verre dépoli a traîtreusement commis des révélations sur la maigreur, jadis célèbre, de la grande artiste, et que les coupables complices de cette indiscrétion frissonnent encore quand ils racontent... ce qu'ils n'ont pas vu.

J'ai rencontré, dans cette étonnante ville, des maisons qui passaient — sur rouleaux, d'un quartier dans un autre. Mais il faut ajouter qu'elles étaient de bois, et qu'elles n'avaient pas dix-huit étages. J'y ai vu des montagnes russes fort amusantes. Elles sont installées dans un édifice en forme de cirque. Vous montez en *toboggan*, comme on dit ici, au rez-de-chaussée. Un ascenseur vous jette au sommet de la piste qui part du toit et se déroule en hélice le long des murs, ce qui vous fait jouir d'un demi-kilomètre de course absolument folle. Enfin, j'ai visité un jardin public, avec des animaux plus ou moins féroces, et des dîners sur l'herbe. J'ai entendu une messe célébrée, chantée, ouïe et servie par des nègres.

Mais, hélas! je n'ai pas vu madame Potter-Palmer, pour laquelle j'avais une lettre d'introduction sur laquelle je fondais de grandes espérances. Elle est une des plus jolies femmes de Chicago... et de Paris, quand elle y est. Sa maison de *Lake Shore Drive* est un modèle d'installation, d'originalité et d'élégance, que je ferais copier demain dans l'avenue de l'Impératrice, si j'avais seulement une dizaine de millions. Mais, avec tout cela, je n'ai pas vu la dame du logis, qui n'était pas chez elle, ou du moins... Voilà un des regrets de mon voyage.

Ce que sera l'Exposition universelle de 1893 dans une ville comme celle-là, je le laisse à deviner. Je souhaite à notre consul actuel, M. Brewaërt, de passer d'ici là dans un poste encore plus important. Mais je me souhaite fort à moi-même de l'y retrouver, si je vais voir ce que les Chicagiens appellent déjà : *World's Fair*, la Foire du Monde.

Chose remarquable! Cette ville de plus d'un million d'habitants possède une cour d'assises et une prison que nos sous-préfectures trouveraient insuffisante. Cela tient à la rareté, non pas des crimes, mais des procès criminels; car, ici, la loi ne poursuit pas les coupables par la bouche d'un procureur général. Le vol et l'assassinat passent inaperçus, à moins que la victime, ses héritiers ou ses amis ne jugent à propos d'intervenir eux-mêmes, ce qui est à la fois cher et dangereux, car s'ils ne peuvent *prouver* le crime, ce sont eux qui vont en prison. D'ailleurs les exécutions sont rares, et il faut qu'un homme n'ait pas mille ou quinze cents louis dans sa poche pour se laisser pendre. Exemple :

L'année dernière, un médecin, membre d'une société secrète irlandaise, est condamné à mort par ses frères, pour cause d'infraction aux règlements de l'association. Quelques jours après, on vient l'éveiller au milieu de la nuit pour un malade. Conduit dans une petite maison, au cœur de la ville, ce pauvre diable trouve, au lieu de malade, cinq Irlandais fort bien portants qui lui font son affaire et jettent son corps dans un puits. Le hasard fait retrouver le cadavre ; on arrête les meurtriers, et le jury s'assemble. La situation des accusés n'était pas bonne, mais leur société veillait sur eux. Pour vingt-cinq mille francs, un juré s'engage à ne pas voter la mort. C'en est assez, puisque la peine capitale ne peut être prononcée qu'à l'unanimité. Le jury discute *quinze jours*... A la fin, de guerre lasse, on transigea sur le terrain de la prison perpétuelle. Un de ces jours, mes cinq gaillards s'évaderont par un moyen analogue. Mais il faut déjà quitter Chicago.

Mercredi 11 juin (26).

Changement de décor. Dimanche soir, j'ai quitté Chicago, et, le lendemain matin, j'ai traversé et longé, avec une sorte d'admiration pieuse, le *Meschacebé*, « Père des Eaux », dont il est défendu de parler après ce grand oublié qui se nomme Chateaubriand. Sitôt que je serai rentré en France, s'il plaît à Dieu que j'y rentre, je vais relire les *Natchez*. Mais, dès maintenant, je voue à l'exécration les vandales britanniques, dont la prononciation, plus barbare que la barbarie elle-même, a changé ce beau nom de *Meschacebé* en cette appellation ridicule et sans harmonie : Mississipi.

Le même jour, lundi, j'ai passé trois heures à Saint-Paul, la plus belle cité — encore toute neuve — de l'État de Minnesota. Certains quartiers élevés de la ville, habités par les millionnaires du lieu, offrent un luxe de soins extérieurs que n'ai vu en aucun lieu du monde. La chaussée est en bois ou en asphalte, et le trottoir se compose de deux bandes de carrelage en marbre multicolore, encadrant un tapis de gazon comme l'Angleterre elle-même ne saurait en montrer. Des ponts effrayants de longueur, de hauteur et de légèreté traversent le Mississipi, véritables toiles d'araignée tissées en fils d'acier, auprès desquelles la tour du champ de Mars paraît d'une lourdeur cyclopéenne. Les lignes de chemins de fer se coupent, se croisent, s'entrelacent. En voici trois étagées l'une au-dessus de l'autre. Et, presque aussitôt après avoir quitté Saint-Paul, voici Minneapolis, la ville aux grands moulins et aux grandes usines, l'une des plus industrielles du nord des États-Unis.

Hier, du lever au coucher du soleil, nous avons roulé dans la Prairie : seize ou dix-huit heures sans voir un arbre, sans apercevoir autre chose que la verdure du bon Dieu, remplacée ici et là par la verdure de l'homme, c'est-à-dire par le blé, à peine haut de dix centimètres.

Et me voici dans une véritable « ferme du Nord-Ouest », sur les bords du *Pipestone*, ruisseau large de deux mètres, mais qui est plus puissant qu'il n'est gros, car il opère ce double miracle, dont il est impossible de comprendre le prix sans avoir visité ces lieux : il rompt, par une jolie vallée, la surface monotone de la Prairie, et il fait pousser des arbres.

De l'eau et du bois ! Deux trésors inestimables ! Le jeune et très accompli gentilhomme français qui dirige l'exploitation de la Rolandrie, déjà beaucoup plus que naissante, l'a bien compris le jour où il est venu s'installer dans cette jolie maisonnette de bois, qui vous prend des airs de château quand on y est reçu par le comte de Roffignac[1]. En voilà un dont la trop courte fréquentation n'a pas augmenté mon goût pour la « gomme » parisienne ! Et vous serez comme moi, si vous voulez bien me suivre dans les différents départements qui composent une « ferme » sérieuse dans la Prairie.

Il y a d'abord, bien entendu, la culture, et les grands agriculteurs d'ici, comme les nôtres, renoncent déjà au blé, soumis, dans cette contrée, aux chances ordinaires, com-

1. Que serait-ce, maintenant, qu'on y est reçu par la plus aimable, la plus distinguée et la plus vaillante des jeunes Françaises, dont les danseurs des deux rives de la Seine se disputaient encore les « cotillons » à l'heure où j'écrivais ces lignes. Certes, madame, il faut être doublement courageuse pour promener le flot d'or de votre chevelure à portée du tomahawk indien. Jamais il n'a conquis de trésor pareil. Heureusement qu'il se rouille aujourd'hui sous le gazon touffu de la Prairie !

pliquées du risque des gelées précoces d'août qui, souvent, gâtent le grain dans l'épi mûr. Je vous donne en cent à deviner ce qu'on cultive au bord du Pipestone : la chicorée !

Bon ! voilà que vous allez conspuer mon ami Roffignac. Hé ! mon Dieu, n'ayez pas peur; sa chicorée n'arrivera jamais jusqu'à votre café — ni jusqu'au mien, car je suis intransigeant sur l'article. Mais pouvez-vous empêcher les Américains et les Canadiens (qui ne prennent jamais une goutte de café noir) d'être doués d'un goût opposé? Or, non seulement ils admettent la chicorée, mais ils la *veulent*, et cela non par économie (l'économie en Amérique !), par préférence, tout simplement. Roffignac leur vend le mélange ordinaire de café et de chicorée, avec cette différence que *sa* chicorée est à la nôtre ce que le moka est au café. Aussi on se l'arrache, et, chaque année, les hectares s'ajoutent aux hectares. Toutefois, qu'il veille sur son produit; j'ai entendu un gourmet du pays s'en plaindre.

— C'est bon, disait-il. Mais il y a trop de café dans le mélange.

La falsification se glisse partout.

Moi, je n'en dirai pas autant. Mais j'ai encore les goûts bizarres de l'Ancien Monde. Quand je vous aurai confié que Roffignac, non content de... perfectionner le café des Américains, veut encore le sucrer, et s'occupe de mettre quelques centaines d'hectares en betteraves ainsi que de construire l'usine nécessaire, vous comprendrez que c'est un *monsieur*, comme on dit au Cercle.

Mais ce n'est pas tout. Il faut voir le *ranch* (le terrain d'élevage) et, pour commencer le ranch des vaches, — pardon du calembour! — Il n'y en a qu'une centaine, pour commencer. Les moutons vont venir bientôt. Les cochons débutent, timidement et en famille, car au lieu d'aborder la grande scène de Chicago, déjà décrite, ils se contentent du saloir de la Rolandrie et, comme public, des travailleurs de la ferme, tous Français. Le temps viendra où tout ce monde — je parle du monde à quatre pattes — sera reçu chez Armour, dans le grand monde.

En attendant, prêtez l'oreille, ô vous, amateurs de chevaux, éleveurs de poulains, vainqueurs du concours hippique, triomphateurs des steeple-chase ou, tout simplement, cavaliers émérites de l'allée des Poteaux. Je vais vous parler de l'élevage des chevaux dans la Prairie. O mon Dieu! c'est bien simple!

Tout d'abord, vous enfourchez votre monture, un beau matin, et allez à dix, trente ou cinquante lieues dans le désert, chez un *voisin* déjà pourvu d'un ranch bien composé. Vous faites choix de la bande qui vous convient, vous la séparez du reste, vous la poussez devant vous, au trot ou au galop pendant le jour, au pas pendant la nuit, sans fermer l'œil une seconde, faisant, comme le chien du berger, trois ou quatre fois la route. Arrivé à votre ferme, qui ne doit pas avoir moins de six, huit, dix mille hectares pour travailler en grand, vous laissez vos chevaux se débrouiller selon leur goût et la nature. Tous les matins, vous faites un temps de galop pour aller les voir et pour faire le compte des jeunes poulains, s'il en est éclos depuis la veille. Tantôt vos pensionnaires paissent à une lieue au nord, tantôt à deux lieues à l'Ouest. Un beau matin vous ne les trouvez plus. Alors... Mais il est plus simple de vous raconter un des exploits de Roffignac, qui vous montrera de quel bois se chauffent les « hommes de cheval » d'ici.

L'autre hiver, il était venu se retremper un peu à Paris, tandis que la neige couvrait ses terres. Au printemps il regagna le « Nord-Ouest » et constata que trente ou quarante de ses meilleurs chevaux avaient filé... Dieu sait où. Plusieurs mois après, des Indiens qui battaient la plaine lui racontèrent qu'ils avaient rencontré ses chevaux à une quarantaine de lieues de là. Le lendemain, au point du jour, Roffignac, équipé en *cow-boy*, pantalon et veste de cuir, un pain et une boîte de conserves à sa selle, enfourchait sa meilleure jument et partait dans la direction indiquée, recueillant par-ci par-là un renseignement. Vers les huit heures du soir, après avoir *rapproché* pendant quelques lieues, en suivant les pistes, il apercevait la bande des fugitifs dans un petit vallon, au bord d'un ruisseau. Il chevauchait aux allures vives depuis dix-sept heures, avec de rares repos. Il avait fait quarante-cinq lieues. Descendant de cheval, à bonne distance, il mangea et laissa brouter sa monture, la tirant derrière lui à la longe. Les fuyards avançaient doucement, tout en broutant l'herbe, ce qu'ils faisaient d'ailleurs depuis cinq ou six mois, poussant droit devant eux, au hasard. Il les observa ainsi de loin, tant que dura la nuit, s'arrangeant pour ne se laisser ni voir ni éventer. A l'aube, il remonta sur sa jument, fit un détour et fondit comme la flèche sur la bande des déserteurs qui, naturellement, détalèrent au galop. Il les suivit, les maintenant dans la bonne direction. Vers les deux heures de l'après-midi, il était à son ranch, ayant fait quatre-vingt-dix lieues en moins de quarante heures. Il n'en est pas mort, Dieu merci! mais ce qui est plus étonnant, ce qui l'a étonné davantage lui-même, c'est que sa jument n'en est pas morte non plus. J'ai même eu le plaisir de voir cette bête recommandable s'emballer avec une voiture vide, gagner le petit bois, sauter une barrière de quatre pieds (toujours avec sa voiture) et se laisser *lasser* de la meilleure grâce du monde, après avoir déposé en lieu sûr le véhicule et le harnais, sans rien briser. Il n'y a rien tel que faire souvent les choses pour les faire adroitement.

Voilà ce que sont les chevaux de la Prairie quand ils sont dressés. Jugez un peu de ce qu'ils sont et de ce qu'ils font le jour où, pour la première fois, on leur pose une selle sur le dos et un homme sur la selle. Il faut les voir alors, le dos arrondi, les quatre jambes rapprochées, la tête entre les genoux, bondissant sur place comme une sauterelle... Mais ce spectacle — adouci par l'éreintement de la troupe, — vous a été donné chez les Buffalo-Bills. Cela s'appelle *boquer*. Généralement un cheval est dressé quand il a *boqué* pendant trois mois, tous les jours, et trois heures par jour, sans désarçonner son cavalier. Alors on peut le monter, l'atteler, en faire tout ce qu'on veut, sauf le mettre au pas, même dans les descentes émaillées de monolithes considérables : j'en sais quelque chose, et j'ai encore un peu chaud quand je pense à mon arrivée à la Rolandrie.

O vous, intrépides amateurs de dressage civil et militaire, vous qui affrontez, le sourire aux lèvres, cet animal inconfortable qu'on nomme le sauteur aux piliers, venez dans la Prairie et demandez à Roffignac de vous *lasser* un cheval tout neuf, un *boqueur* de grande marque. Vous verrez comme vos manèges, vos pistes, vos allées d'entraînement vous paraîtront fades au retour. Ah! les vaillants hommes que ces jeunes gens d'élite qui apportent ici leur intelligence, leur courage, leur abnégation et leur force! Comme on a envie de leur appliquer ces vers d'un vieil auteur dont je ne sais plus le nom :

Pouvez-vous pour la guerre oublier le repos,
Et coucher en plein champ, le harnois sur le dos?
Je vous connais pour noble à ces illustres marques.

Vendredi 13 juin (28).

« Voir des Indiens », c'est la grande curiosité, l'unique espoir de distraction du voyageur, aussitôt que, sorti de la pittoresque région des Lacs, il sent peser sur ses épaules l'immense et majestueux ennui de la Prairie du Nord-Ouest américain, où l'énorme train qui l'emporte semble perdu

6

à tout jamais. Des heures mortelles se sont écoulées. Enfin le soleil, comme endormi par la monotonie d'un paysage réduit à une seule ligne droite, s'est retiré sans cortège et sans pompe. Une longue nuit a passé. Au jour, voici la même Prairie, les mêmes brins d'une herbe large, dure, aux reflets métalliques, les mêmes *gophers* dressant leurs têtes futées de gros rats, pour voir fuir, à quelques pas d'eux, cette machine grondante qui ne les effraye plus. Est-il possible que nous ayons déjà fait des centaines de lieues dans ce désert sans sable? N'avons-nous pas tourné dans un même cercle? Rêverrons-nous jamais un arbre, une colline, la spirale bleue d'une fumée couronnant un toit?

Soudain, autour d'une tache plus foncée dans le tapis de verdure, berceau sans ombrage de quelque source mort-née, cinq ou six cônes blanchâtres s'élèvent, d'où sortent les extrémités, noires de suie, des perches grossières qui les soutiennent. Quelques femmes, encapuchonnées dans des couvertures de laine rouge où l'on devine une marque anglaise, se meuvent, sans but apparent, autour de ces abris d'une architecture à peine supérieure à celle de la hutte de l'Esquimau. Impossible d'assigner un âge à ces ombres errantes, tant leur forme est dépoétisée, tant leur démarche manque d'élasticité et d'énergie. Des enfants engoncés dans des débris d'étoffes se traînent gauchement derrière leurs mères ; des chiens parvenus à l'apogée de la maigreur flairent le sol d'un air famélique. De petits chevaux aux longs crins tombants, pareils à des saules pleureurs montés sur un quadruple tronc, semblent dormir, honteux d'une oisiveté que ni la guerre ni la chasse ne viendront plus jamais troubler. Quant aux hommes, on n'en voit guère. Sans doute, étendus dans le wigwam empesté de suie et de graisse rance, ils sommeillent, ayant encore aux lèvres le calumet de pierre creusée. Quoi ! ce sont là les héros d'Aymard et de

Cooper, plus audacieux que les lions, plus agiles que les aigles !...

Mais déjà le train est loin. A quelques milles plus à l'ouest il s'arrête; le flot peu abondant des voyageurs se répand sur la plate-forme de bois, où se tiennent accroupies, immobiles, des Indiennes que rien ne semble intéresser, ni la coquetterie la plus élémentaire, ni la curiosité de cette civilisation qui achève de tuer leur race, ni le désir du lucre, à peine une vague rancune, lue, parfois, dans un regard moins éteint. Ces malheureuses femmes ne semblent pas s'apercevoir qu'elles tiennent dans leurs mains des cornes de bisons polies et adroitement préparées. Pas un mot, pas un signe pour offrir la marchandise, qu'il faut en quelque sorte leur arracher. Leurs visages, tantôt mats et terreux, tantôt animés de cette nuance ardente, qui est au teint de nos jeunes femmes ce que la brique est à la rose, portent je ne sais quel sceau mortel de lampe qui s'éteint et de foyer qui se glace. On devine que ces êtres se débattent sous une sentence de mort lente; on sent que la mort même les laisse indifférents. Voulez-vous apercevoir un pâle reflet de sourire? Tendez-leur un cigare. Un peu d'eau-de-vie les ferait pâmer de béatitude. Mais il est défendu d'introduire dans la Prairie un flacon de spiritueux, de même que de promener une bougie aux abords d'une poudrière. Ce pauvre Indien chancelant et sans énergie devient un démon altéré de sang et de flamme, dès qu'il a bu deux gorgées de la liqueur divine.

Suivez la plate-forme dont les planches crient sous vos pas et, tout en surveillant le train qui déguerpira sournoisement tout à l'heure, sans un appel et sans un cri, dépassez l'humble masure de la station, entourée d'autres maisonnettes de sapin décorées du nom de ville. Voyez ce long tas d'ossements auquel les seigneurs et maîtres des marchandes de là-bas viennent ajouter le contenu de leurs chariots primitifs. Ces débris de squelettes d'une race d'animaux éteinte, voiturés par une race d'hommes prête à s'éteindre, voilà tout ce qui reste des innombrables troupes de bisons dispersées jadis dans la Prairie. Le bison, pendant des siècles, a nourri l'Indien ; il lui a fourni sa tente, sa couche, son vêtement, son canot, l'ornement de son coursier. Et l'Indien, dans sa folle imprévoyance d'enfant sans précepteur, a exterminé le bison. Puis, alors que le pauvre sauvage commençait à mourir de froid et de faim, le blanc est venu, et s'est mis à l'exterminer lui-même. Bientôt, dans la Prairie changée en cimetière de bisons et en cimetière d'Indiens, deux rails polis se sont allongés de l'Orient à l'Occident, partis l'on ne sait d'où, allant se perdre, comme le soleil, derrière l'horizon infini. Et l'Indien, encore une fois, une dernière fois, tire parti du bison en ramassant ses os à travers la plaine et en venant les vendre au blanc qui les emmène dans ses fabriques. Mais qui ramassera, dans la Prairie sans limites, les ossements du pauvre Indien?...

Je voulais voir les derniers sauvages mieux que de la fenêtre d'un wagon ou du quai d'une gare. La chose fut aisée, grâce à l'obligeante amitié du comte de Roffignac qui, dans sa ferme de la Rolandrie, venait déjà de me faire voir la Civilisation victorieuse du Désert américain. Ce matin, Roffignac, Boissieu et moi sommes partis, traînés par les merveilleux mustangs du comte, pour gagner, à plus de soixante kilomètres, la « réserve d'Indiens » de la rivière *Qu'Appelle*, nom bizarre comme tous les noms de ce pays, où il n'existe pas un arbre, pas une pierre, pas un accident de terrain pouvant servir de prétexte à une dénomination quelconque. Lisez sur les stations, parfois réduites à un simple poteau, ces étiquettes étonnantes : *Rivière de la femme*, *Rivière du renard*, *Lac du faucon*, *Crâne de l'Indien*, *Corne de l'élan*, *Mâchoire du renne*, *Chapeau de médecine*; et ces autres à la consonnance plus civilisée : *Bonheur*, *Déception*. Hélas!

combien de voyageurs ont pris leur billet pour la première et arrivent sans le vouloir à la seconde!

Une « réserve » est une superficie territoriale dont le gouvernement s'interdit de disposer en faveur des colons nouveaux venus, et sur laquelle les Indiens sont assurés d'être maintenus et même nourris (sommairement), pourvu qu'ils s'engagent à n'en point sortir sans permission. Chacune de ces oasis de la sauvagerie au milieu de la civilisation, tenant à la fois de la prison, du dépôt de mendicité, de la mission religieuse et de la colonie agricole, est commandée par un « régent », ancien officier, qui est chargé tour à tour de défendre les Indiens contre les blancs et les blancs contre les Indiens.

Le régent de la réserve du *Qu'Appelle* se nomme le colonel Mac-Donald.

Rien qu'à voir ses épaisses moustaches blanches, son teint allumé de vieux reître, et ses yeux gris lançant des éclairs sous des sourcils formidables, je m'étais dit que ses Indiens devaient marcher droit. En effet la première chose que j'aperçus en arrivant dans ses domaines fut un « poteau de guerre » très authentique, élevé par les administrés du colonel dans un moment d'oubli, lors de la fameuse révolte de ce pauvre diable de Riel qui paya de sa vie certaines idées d'indépendance qui ne sont pas mortes tout entières avec lui.

A cette époque, un millier de Peaux-Rouges, plus ou moins bien armés, s'étaient déjà réunis autour du poteau et dansaient les danses guerrières, depuis si longtemps laissées dans l'oubli. Averti de ce qui se passait, le colonel Mac-Donald accourut tout seul, au risque d'essuyer le traitement que les Peaux-Rouges parisiens firent éprouver aux otages de la Commune. Mais son sang-froid énergique en imposa aux plus exaltés et, sur ce point, l'insurrection fut étouffée dans son germe. Le poteau est toujours debout : leçon paternelle ou coquetterie de vieux dur à cuire? Peut être tous les deux[1].

Je connaissais déjà « l'hospitalité de la Prairie » grâce à l'aimable *farmer* de la Rolandrie. Je la retrouvai au bord d'un lac charmant, à moitié chemin de la Réserve dans une autre exploitation dirigée par deux jeunes Anglais, MM. Bird — *seize* et *dix-neuf* ans. Méditez sur ces chiffres et sur cet exemple, ô mes compatriotes, encore *surmenés* à cet âge par quelques heures d'étude dans une classe bien chauffée, ou glorieusement endurcis aux fatigues du *Landit*, au bord du lac du bois de Boulogne!

Dussé-je vexer le colonel, je déclare que

1. Au moment où ces lignes vont à l'imprimerie, les États-Unis surveillent avec une inquiétude croissante les symptômes de prochaine rébellion qui se manifestent parmi leurs tribus indiennes du Dakota, établies exactement au sud de la région canadienne où je conduis le lecteur. Cette agitation provient de la mauvaise foi avec laquelle le gouvernement de Washington remplit ses engagements envers les Indiens, alors que le *Dominion* observe à peu près fidèlement ses promesses du même genre. On peut donc espérer que le soulèvement, s'il éclate au Dakota, ne franchira pas la frontière. Mais gare au massacre des pauvres Sioux !

la plus grande attraction de la Réserve est l'accueil qui attend le touriste à la Régence. M. Mac-Donald, sa femme, miss Mac-Donald la très jolie sœur aînée d'une belle famille de quatre enfants, ne laissent pas de faire une sérieuse concurrence à cette autre famille de huit cents Indiens que le vieil officier dirige avec une fermeté toute paternelle, et, si je me laissais aller au courant de mes souvenirs...

Mais parlons des Peaux-Rouges. Le lendemain de notre arrivée, le colonel faisait atteler son « démocrate », le vaste char à bancs canadien dont le nom suffit à montrer qu'il peut voiturer toute une foule. Comme de juste, notre première visite fut pour le chef, l'honorable O'Soup, ex-sauvage, retiré des affaires, et même un peu trop pour l'intérêt qu'il peut offrir au voyageur. Il faut dire que ce sont plutôt les affaires qui se sont retirées de lui, car la chasse aux bisons est la seule affaire du sauvage, et le bison ne se trouve plus dans la Prairie, je le disais tout à l'heure, qu'à l'état de phosphate de chaux. O'Soup, qui m'a paru affreusement sceptique, a pris philosophiquement son parti du krack Buffalo et Cie. Sans aller, comme d'autres, jusqu'à l'exploitation d'un cirque ambulant en Europe, ce dont il faut lui savoir gré, ce brave homme, à peine arrivé à la cinquantaine, s'est rallié à la civilisation comme certains chefs Visages-Pâles, chez nous, se rallient à la République. Il y a gagné une excellente maison, qui ferait envie à beaucoup de nos cultivateurs soi-disant aisés. Il y a gagné de n'avoir plus qu'une femme, au lieu des deux qu'il possédait avant son baptême. Il a conservé ses cinq enfants dont l'aîné — ombre de Fenimore Cooper détourne la tête ! — recevait l'autre jour deux couronnes au collège de Saint-Boniface, sur sa tête irréprochablement passée à la tondeuse du coiffeur.

O'Soup, cependant, porte encore la chevelure longue et les mocassins. Mais s'il est resté Indien aux extrémités, il a livré tout le reste de sa personne à la *Belle-Jardinière*. Il a des chevaux, des vaches, des poules, des cochons, des terres où mûrissent de belles récoltes; il parle un anglais irréprochable, et un français rudimentaire. Il se déclare le plus heureux mortel du monde, ne regrette rien. J'aurais voulu au moins un soupir pour le passé dans la poitrine de ce bourgeois.

Ces occupations, ce costume et cet « état d'âme » se retrouvent plus ou moins parmi ceux des anciens sujets de O'Soup qui ont accepté les rations et les couvertures de laine — les unes et les autres un peu minces — du gouvernement canadien.

Quelques-uns devenus agriculteurs, sans enthousiasme, travaillent la terre pour leur compte ou obtiennent la permission de se louer comme manœuvres dans les exploitations européennes. Plus souvent ils gardent les vestiges de leurs anciennes habitudes, et gagnent une misérable obole en allant vendre aux villages voisins, tantôt le produit de leur pêche ou de leur chasse, tantôt quelques brassées de foin, tantôt quelques charges de bois, tantôt les chefs-d'œuvre naïfs de l'industrie de leurs femmes. Grâce à ce casuel, ils peuvent se donner le luxe d'une maisonnette en bois blanchie à la chaux, ajouter un chapeau de paille ou un veston à leur défroque indienne, ou compléter leur trop frugale « distribution » par quelques boîtes de conserves achetées à l'épicerie du bourg.

Le Père Campau, missionnaire catholique, nous a fait visiter son église où vient prier une centaine de fidèles fervents. A l'autre extrémité du territoire se groupe une colonie protestante moins nombreuse. Le reste de la population continue à invoquer le Grand Esprit.

Mais tous ces restes malheureux des peuplades pittoresques immortalisées par Chateaubriand, marchent à grands pas vers l'abîme fatal où finit par sombrer toute race humaine.

Il y a quinze ans, la réserve du Qu'Appelle était habitée par quinze cents Indiens. Aujourd'hui ce nombre a diminué de moitié; la mort, hâtée d'achever sa tâche lugubre, enlève surtout les jeunes, frappés de l'inguérissable consomption, phylloxera de la plante humaine. On dirait que l'Indien étouffe dans ces limites tracées par la froide pitié des blancs sur le sol de la Prairie. Et cependant la superficie de la réserve du colonel Mac-Donald atteint quatre-vingt mille hectares. Mais l'hirondelle enfermée dans la plus immense de nos cathédrales se sent emprisonnée et meurt. Bientôt, sur le territoire canadien, comme sur le territoire des États-Unis où le régime administratif est le même, le nom des Sioux des Iroquois, des Peaux-Rouges sera, aussi bien que celui des Natchez, l'écho poétique, à demi fabuleux, succédant au bruit d'une tombe qui se ferme dans la solitude.

Voyageurs qui voulez voir le monde, hâtez-vous! Le rail détruit plus sûrement une époque et un aspect que ne le faisait jadis une invasion de barbares.

Jeudi 19 juin (32).

Je suis à Vancouver, sur la côte du Pacifique, après ma dixième nuit de sleeping-car. J'ai quitté mes amis de la Prairie au milieu d'un banquet politique de trente couverts, pendant lequel je me suis nourri de jambon et de café au lait. J'ai entendu environ quarante-cinq speeches, et j'en ai prononcé un, après avoir chanté en chœur le *God save the Queen*, faute d'orchestre, et bu à la santé du prince de Galles, avec le refrain obligé sur l'air de Marlborough :

For he is a jolly good fellow...

Embarquement pittoresque à minuit dans la gare (non éclairée) de Whitewood. Embarquement est le mot : un orage avait mis trois pouces d'eau le long de la voie, si bien que, dans les ténèbres, il était difficile de savoir si je montais l'escalier d'un Pullmann ou l'échelle d'un paquebot. Journée mortelle le lendemain dans une prairie plus plate que jamais. Ce qui est drôle, par exemple, c'est de voir le *track* bordé de chaque côté d'un sillage de bouteilles vides, de boîtes de fer-blanc éventrées, de carapaces de homard, de tessons d'assiettes, le tout ayant passé par la portière des *dining-cars*.

Cependant la mer de gazon commence à se rider d'une ondulation légère qui ressemble à de la houle terrestre. C'est le commencement. Les grandes vagues des montagnes Rocheuses se dresseront demain jusqu'à seize mille pieds de haut.

En attendant, le drame a pénétré dans mon existence. D'abord, à *Medicine Hat*, c'est un magnifique Indien que je viens de photographier ainsi que sa femme, de la terrasse du wagon-restaurant. Ce brave sauvage devient furieux et se précipite sur moi avec l'intention évidente de *retirer son âme* de mon appareil. Je n'ai que le temps de passer la malencontreuse boîte à un garçon de service et de barrer la route à ce bouillant Chactas, qui doit avoir bien près de cinq pieds dix pouces. Nous nous étreignons comme deux lutteurs; les convives déjà attablés battent en retraite. Paul Nadar, en m'apprenant à me servir du *kodak*, ne m'avait pas prévenu de cet inconvénient sérieux de son appareil. Mais je ne veux pas prolonger les angoisses du public. J'ai encore ma chevelure sur la tête et le cliché de mon ennemi dans ma collection. Au moment où la position devenait tendue, le train s'ébranle; l'Indienne appelle son Indien qui n'a que le temps de sauter sur la plate-forme, tout (Peau)-Rouge de colère, en me criant des choses que je ne puis comprendre, mais que je devine.

Voilà mon premier combat de la journée. Le second, terminé de même par la disparition de mon adversaire, a eu lieu entre moi et un saumon conservé, auquel je m'étais fié trop facilement. On m'a expliqué que ce saumon était sans doute atteint, de son vivant, d'une certaine maladie connue par ici, qui change cet animal en un poison dangereux pour l'organisation la plus robuste. Ami Boissieu, pourquoi m'avez-vous quitté juste au moment où j'allais avoir besoin de vous?

De bon matin, le lendemain, je me lève pour voir les montagnes. C'est la Suisse, mais une petite Suisse pas méchante, de deuxième catégorie. Sur la foi des livres, je me suis arrêté au chalet de Bannff et au glacier des Selkirks, de dimensions fabuleuses. Tout cela est beau, mais néanmoins je commençais à trouver la réputation des « Rockies » un peu surfaite. Juste après le glacier, nous avons commencé la descente sur le Pacifique (elle dure vingt-quatre heures), et mon opinion a changé. D'abord nous avons eu quelque chose comme le passage du Gothard, avec ses lacets, mais sans le tunnel. En revanche, des centaines de ponts *en bois*, qui procurent au voyageur une agréable surprise : celle de ne pas s'effondrer sous le passage du train.

Le soir, au coucher du soleil, nous avons longé pendant soixante kilomètres un lac qui vaut tous ceux d'Italie, moins les villas aux terrasses de marbre, remplacées par des huttes de bûcherons et des tentes d'Indiens.

Enfin, ce matin au réveil, nous étions au sein d'une gorge en lacets, creusée dans une terre et dans des rochers violets, jaunes, rougeâtres, qui *sentent l'or*, et qui en contiennent en réalité. A côté de combien de fortunes ai-je passé cette nuit en dormant! Au fond de cette crevasse opulente, le torrent du Thompson roulait ses eaux d'un vert terne, semblable à la nuance du feuillage de nos oliviers. Peu de végétation ; à peine quelques cèdres rabougris ; pas une fleur : l'or et la poésie ne vont décidément pas ensemble. Et la preuve, c'est que, plus bas, quand le sol est redevenu terrain ordinaire, de charmants buissons d'églantiers et de syringas sauvages, tout roses et tout blancs, se sont montrés en abondance.

Puis nous avons passé de la gorge du Thompson dans celle du Fraser, et alors la scène est devenue grandiose, sauvage, terrible, comme celle de la *via Mala* ! dans l'Engadine. Pauvre chère *via Mala* ! Et les précipices se sont ouverts à chaque pas. Et les ponts de trois cents pieds de haut ont craqué de plus belle, si bien que je me suis trouvé fort aise d'être dans le dernier wagon du train et que j'ai fait cette prière : « Mon Dieu, s'il arrive quelque chose à ceux qui sont devant, ayez pitié de leurs âmes ; mais sauvez de tout mal le corps de ceux qui sont derrière, le mien tout particulièrement, Seigneur ! »

Les mécaniciens qui *essaient* les ponts du Canadian Pacific sont frais et roses comme des enfants de chœur, à la différence des nôtres qui sont noirs comme des diables. La raison en est qu'ici on chauffe la locomotive au bois, bois de cèdre qui embaume, comme le bûcher funèbre d'un satrape du bon vieux temps.

Ce qui n'embaume point, par exemple, ce sont certains arbres tout pavoisés de longues bandes d'étoffes blanches, et portant au milieu de leur feuillage des cercueils d'Indiens La coutume se perd, Dieu merci ! Je me souviens que Chateaubriand a célébré la poésie des « tombeaux aériens ». C'est un des exemples les plus forts qu'on puisse trouver en lui de *poésie quand même*.

Enfin les rampes se sont adoucies, nous avons cessé de voir ces écritaux significatifs à l'adresse des « enfants de chœur » : *Run cautiously, 4 miles an hour*. Les cèdres sont devenus des arbres gigantesques ; le Fraser est devenu un fleuve puissant et majestueux qui fait penser au Saint-Laurent, entre Montréal et Québec. Et la scène a fini par une Normandie avec des pâturages tout pleins de vaches, plus verdoyants, plus gras encore que ceux du pays de Caux, une Normandie avec des cèdres, comme ceux dont Salomon bâtissait son temple, en guise de pommiers.

Soudain, au fond d'une baie, j'ai reconnu le limon que la marée dépose, et j'ai senti une certaine émotion en songeant que cette marée qui battait à dix pieds du rail était celle du Pacifique.

Ce grand spectacle de la traversée des montagnes, raconté vaille que vaille, je n'ai pas voulu en gâter la description par des gémissements continuels sur un crime odieux, qui, pendant plus de trente-six heures, révolte les yeux du voyageur, et parfois fait disparaître tout son plaisir. Oui, *pendant mille kilomètres*, j'ai traversé une forêt brûlée. Ici, l'ingénieur pour frayer le passage de sa voie, le fermier pour commencer son défrichement, l'Indien pour abriter son campement contre le feu, n'ont qu'un seul et barbare moyen : l'incendie. J'ai vu, parfois, des flancs de montagnes étaler des lieues carrées de jeunes troncs calcinés. J'ai vu des cèdres de deux mètres de diamètre dévorés presque jusqu'au sol, comme des torches consumées. Cela finit par prendre un air navrant de champ de bataille où nul vivant n'est resté pour enterrer les morts, et l'on se demande ce que serait notre Suisse européenne auprès de cette autre Suisse deux fois et demie plus large, si la main de l'homme n'avait découronné la montagne américaine de ce qui est la gloire des sommets, de même qu'une intacte et abondante chevelure est la gloire d'une belle femme.

En feuilletant le registre des étrangers de l'hôtel de Vancouver, après y avoir écrit mon nom, j'y ai trouvé deux autres noms qui seront prononcés bien souvent d'ici peu devant la cour d'assises de la Seine. Le pied charmant de l'aimable Gabrielle a foulé ces tapis...

Et des fenêtres de ma chambre, j'aperçois

tout près la mâture et la cheminée de la *Parthia*, qui m'emportera dans deux jours vers le Japon.

Parole d'honneur, la mer commençait à me manquer !

V

DE VANCOUVER A YOKOHAMA

Le pourquoi et le comment de ancouver. — Son avenir. Le chemin de fer Canadien Pacifique. — La *Parthia*. — Le grand Océan.

Vendredi 20 juin (35).

Encore à Vancouver! Et il pleut! C'est le cas d'écrire mes notes sur l'endroit pour charmer les loisirs que laisse à ses passagers le paquebot du Japon, retardé par une grève des mines voisines (déjà!) qui rend le charbon introuvable.

Les gens très instruits savent généralement qu'il y a une île Vancouver. Mais, jusqu'aux révélations, géographiques et autres, de Gabrielle Bompard, on ignorait généralement l'existence d'une *ville* de Vancouver, sur la terre ferme, en face de l'île. Pour tout dire, cette cité encore en enfance n'existait pas il y a quatre ans, et les ours folâtraient encore parmi les rochers et les cèdres séculaires, à cette même place où s'élève un hôtel qui est probablement l'un des plus chers du monde. Tout porte à croire que les ours n'auraient pas eu à subir les ennuis de l'expropriation — sans indemnité, — si le chemin de fer *Canadian Pacific* n'était venu établir sa gare terminus, côté Ouest, au fond de cette baie abritée contre tous les vents. Donc, parlons d'abord de ce chemin de fer qui est et restera le plus grand qu'il y ait au monde, appartenant à une seule Compagnie, jusqu'au jour où la Russie aura fini de poser ses rails de Pétersbourg à Vladivostok. Les trains de la ligne sibérienne mettront une douzaine de jours pour faire le voyage.

Le *Canadian Pacific Railway* ou, comme on l'appelle dans toute l'Amérique, le C. P. R. (prononcez *Si-pi-ar*) reçoit à Halifax le voyageur descendant du paquebot de Liverpool et le rend, à Vancouver, à un autre paquebot chauffant pour le Japon, la Chine, les Indes, etc. Il va sans dire que ce qu'il fait pour un innocent touriste de mon espèce, le C. P. R le ferait également pour un corps de troupes anglaises qu'une raison quelconque (par exemple, des complications de guerre européenne barrant la Méditerranée ou le canal de Suez) obligerait à changer la route ordinaire. L'entreprise de cette ligne menée à bien en cinq ans, presque sans qu'on en ait parlé, est tellement gigantesque, que je n'hésite pas à la placer bien au-dessus du percement de Suez, du moins quant à la difficulté vaincue. Hélas ! quand une de nos colonies réclame quelques dizaines de lieues de voie ferrée, le budget se dresse irrité, l'orage éclate au Parlement, le ministère tremble sur ses bases !...

D'Halifax à Vancouver, il a fallu construire *cinq mille neuf cent vingt* kilomètres de voie, dont un millier dans de grandes chaînes de montagnes où l'on a dû élever des abris contre les avalanches, sur une longueur totale de plusieurs lieues. Quand tout sera bien assis, qu'on aura remplacé les passerelles en bois par de solides ouvrages en fer, et qu'on aura paré au danger des éboulements qui, sur certains points, me paraît formidable ; quand les paquebots rapides dont on achève la construction seront en service entre Vancouver et Yokohama, le trajet de la France au Japon pourra s'accomplir en vingt-trois ou vingt-quatre jours ainsi répartis :

De Paris à Liverpool, un jour ;
De Liverpool à Halifax, sept jours ;
D'Halifax à Vancouver, six jours ;
De Vancouver à Yokohama, dix jours.

Il ne faut pas se dissimuler que ce sera une concurrence désastreuse à notre ligne française des Messageries maritimes, aussi bien qu'aux chemins de fer américains de New-York à San-Francisco, et aux services maritimes de San-Francisco au Japon, qui, suivant un parallèle plus rapproché de l'équateur, ont à parcourir un arc de cercle plus allongé de quinze cents à dix-huit cents kilomètres. Et, déjà, les marchandises des États-Unis commencent à délaisser San-Francisco pour Vancouver, témoin le retard de la *Parthia* qui ne peut venir à bout de charger tout ce qu'on lui donne.

Il faut reconnaître que le C. P. R. se maintient au niveau des meilleures lignes américaines quant au confortable des voyageurs. A moins d'avoir roulé dans l'Orient-express, les Européens ne peuvent s'en faire une idée ; et encore, ici, l'espace réservé aux voyageurs est infiniment plus considérable. Les couchettes du sleeping-car, par exemple, atteignent presque un mètre de large et sont disposées dans le sens du train. Enfin, la voie, dont les traverses se touchent presque, est incomparablement meilleure. Si nous mettons en ligne les prix, la supériorité est bien plus grande encore. *Il en coûte un peu moins* pour traverser le continent américain que pour aller de Paris à Constantinople. A vue de nez, j'estime que la distance est au moins double. A vérifier.

L'admiration diminue, à vrai dire, si l'on examine l'exploitation proprement dite du C. P. R. La vitesse ne dépasse pas trente-cinq kilomètres à l'heure ; il n'y a qu'un train par jour dans chaque direction ; la voie est peu ou point surveillée, et les signaux d'une simplicité enfantine. C'est au mécanicien à se débrouiller comme il peut. Aux approches d'une aiguille il ralentit ; si elle n'est pas faite, il descend, la met en ordre et repart ; mais on fait souvent dix lieues sans trouver une aiguille.

Quant aux gares, *elles ne sont pas toutes bâties* dans la région du *Far-West*, et sont remplacées, assez souvent, par un poteau surmonté d'un drapeau en face duquel le train s'arrête. D'ailleurs, au point de vue du service, les gares de ces lieux déserts ne servent pas à grand'chose, et parfois, quand on y arrive, on trouve la porte fermée et le *station master* absent. Le chef de train a toute l'autorité, séjourne et part à sa convenance, donne et contrôle les billets. Il faut reconnaître que, d'ici à longtemps, excepté dans quelques villes (?) importantes, le trafic des voyageurs et des marchandises ne nécessitera pas une organisation plus compliquée.

Un trait de mœurs des trains américains, c'est qu'ils détalent subrepticement, à la sourdine, sans un coup de sifflet, sans un coup de cloche, sans un appel, et c'est un piège redoutable pour nous autres Français, habitués au vacarme épouvantable qui précède et accompagne le départ de nos wagons. Une fois de plus, on reconnaît là cette maxime qui fait le fond de toute la vie américaine : DÉBROUILLE-TOI!

Il y a cinq ans, c'est-à-dire le jour où le premier train parti des bords de l'Atlantique atteignit ceux du Pacifique sur les rails du C. P. R., Vancouver n'existait pas. Il n'avait, de fait, aucune raison pour exister, car il n'est en somme que le quai d'embarquement des voyageurs et des marchandises, amenés par la locomotive à destination du Japon, de la Chine, et — plus tard — de l'Australie.

Il y a cinq ans, cette ville de douze mille habitants était encore... une des plus belles forêts du monde. Même aujourd'hui, en une demi-heure de promenade, on arrive à la forêt vierge, où l'on ne peut pénétrer que la hache à la main, et où l'on rencontre à chaque pas des cèdres de deux ou trois mètres de diamètre. Entre parenthèses, ce contraste pittoresque est à signaler comme un des plus curieux et des plus inattendus qui se puissent imaginer pour le touriste.

La question que posent volontiers les

habitants de la nouvelle cité au voyageur qui débarque est celle-ci :

— Que pensez-vous de l'avenir de Vancouver?

Ce serait, comme on peut croire, la matière d'un long article dont je me borne à tracer le canevas. Vancouver a pour lui le C. P. R., c'est-à-dire le gouvernement britannique lui-même qui protège — matériellement et moralement — cette grande voie rattachant Londres à Bombay, et menaçant, au besoin, les ports de guerre russes de la Sibérie. Il a pour lui également, comme productions locales, des forêts inépuisables, déjà largement exploitées, et des pêcheries de saumons qui ont fourni au commerce, en 1888, la quantité prodigieuse de *neuf millions* de kilogrammes de poisson salé, fumé et conservé. Enfin il a pour lui la richesse (qu'on dit très grande) des mines d'or, d'argent, de cuivre, de fer et de houille, qui sont en activité plus ou moins grande dans les districts relativement voisins des montagnes Rocheuses. Le chiffre officiel de la production de ces mines, pour l'or seulement, pendant vingt-huit années, approche de trois cents millions de francs.

Mais Vancouver a contre lui un terrible ennemi. C'est la concurrence des États-Unis américains, dont la frontière nord tombe à l'océan Pacifique sur un point séparé de Vancouver *par quelques lieues seulement*. Déjà, sur ce point, les Américains ont engagé la lutte du trafic avec une énergie qui fait voir qu'elle sera terrible. Sentant bien que le monopole commercial du port de San-Francisco est menacé gravement par celui de Vancouver, ils viennent d'amener en quelques mois une nouvelle ligne ferrée transcontinentale sur les bords du Grand Océan, presque aux portes de Vancouver. Là, sous peu d'années, ils auront un grand port, qui sera probablement Seattle, dont le développement s'opère avec une rapidité prodigieuse. Là, ils établiront, eux aussi, des lignes de paquebots pour la Chine et l'Australie. Et alors ce sera une lutte à mort entre les deux voisins[1] ; mais quelle différence entre eux! L'un, rapide, énergique, opulent, *arrivé;* l'autre, le Canadien, prudent, un peu froid, et encore pauvre. L'avenir nous montrera l'issue du combat, à moins qu'il ne nous fasse voir autre chose : les États-Unis américains absorbant le Dominion canadien, qui compte en tout cinq millions d'habitants, moins que le seul État de New-York.

Je vois encore un autre danger pour Vancouver dans le système adopté pour sa fondation. Une ville capable de contenir des

1. Ces lignes étaient à peine écrites que les compagnies des États-Unis diminuaient d'un seul coup le prix du passage en première classe d'environ cinq cents francs. Naturellement le C. P. R. a dû les imiter. Résultat : vous pouvez aller à cette heure, de Paris à Hong-Kong par l'Amérique, pour une somme de treize cents francs environ. Ce même trajet de Paris à Hong-Kong coûte plus de dix-huit cents francs par Suez, en employant les paquebots européens. — L'Amérique nous en réserve bien d'autres.

centaines de milliers d'habitants est tracée, sur le terrain, par des rues bordées de trottoirs en bois de cèdre. La longueur actuelle de ces trottoirs est de *soixante-dix kilomètres*. Ces carrés sont vides, naturellement, pour un grand nombre; d'autres contiennent *une* maison. Et une grande partie des cases de cet immense damier appartient à des spéculateurs qui, sans prendre la moindre part active au développement de la cité, attendent patiemment que l'acheteur vienne faire ses offres. Quand je dis qu'ils attendent patiemment, j'ai tort. L'étranger est poursuivi dans les rues de Vancouver par les marchands de terrains à bâtir, presque autant qu'il est harcelé sur le quai d'Aden par les marchands de plumes d'autruche. C'est là un symptôme fâcheux sur lequel il est inutile d'insister davantage.

Et cependant, au milieu de ce désert à demi habité, les symptômes de la vie d'une grande cité se manifestent déjà d'une façon presque incroyable pour l'œil d'un Européen.

Le long de ces rues se dressent, dans un mélange disparate, des abris représentant tous les degrés de l'échelle de l'habitation humaine : la hutte, la cabane, la maisonnette de bois, le cottage en briques, la vraie maison en pierres à quatre ou cinq étages. Dans ces rues... plus ou moins futures, circule déjà le tramway électrique. L'électricité les éclaire comme elle éclaire les intérieurs, car on peut dire que le gaz est mort dans ces cités nouvelles avant d'avoir vécu.

Les habitants n'ont parfois, pour expédier leur correspondance, qu'une boîte aux lettres installée sur un poteau, parmi des souches de cèdres rasés sommairement par l'incendie. Mais ils communiquent entre eux par un réseau téléphonique qui compte trois cents abonnés; ils sont gardés par de superbes policemen en uniforme; l'eau arrive chez eux aussi bien que dans la plus somptueuse résidence de Paris.

Deux hôtels fort bien installés ouvrent

leurs portes aux voyageurs. J'ai eu la fâcheuse idée de loger à l'*Hôtel Vancouver* qui appartient à la Compagnie du chemin de fer. Il est mortellement ennuyeux, et l'on y est rançonné d'une façon qui mériterait d'être racontée par la plume d'un Fenimore Cooper. Le blanchissage d'une chemise coûte cinquante sous, et celui d'une douzaine de mouchoirs coûte cinq francs. Il faut aller à *Manour House*, où les amateurs de danse peuvent *bostonner* presque chaque soir avec de jeunes misses des deux Amériques et du Canada, dont quelques-unes m'ont paru fort intéressantes.

Si Vancouver devient jamais une grande ville, ce que je lui souhaite de tout mon cœur, le mérite en appartiendra grandement à son maire actuel, M. Oppenheimer, qui semble oublier depuis trois ans ses intérêts personnels pour mettre au service de la ville-enfant le zèle d'un apôtre et l'intelligence d'un Haussmann avant la lettre.

Mais j'aperçois le pavillon du départ au

mât de la *Parthia*. Il est temps de rallier le bord. Terre d'Amérique, adieu

Vendredi 4 juillet (49).

Ce soir, à dîner, sur le paquebot où j'achève ma quatorzième journée, nos Américains ont fêté le grand anniversaire des États-Unis. Ils ont bu, comme de juste, d'abord à la gloire et à la prospérité de leur pays. Puis, avec une galanterie de bon goût, se souvenant qu'ils naviguaient sous pavillon britannique, ils ont porté la santé de Sa Majesté Victoria. On a même eu la gracieuseté de boire à « la France ». Et moi, n'ayant pas le choix de passer la main à un compatriote, j'ai fait à ma patrie le sacrifice de bégayer la langue de Shakespeare. Ensuite on a brûlé toutes les fusées du bord pour corser la réjouissance.

Espérons que nous n'aurons pas besoin de faire des signaux de détresse avant notre arrivée à Yokohama.

Nous y serons le lundi 7, seulement, avec deux jours de retard, grâce au temps généralement mauvais et aux deux coups de vent *sérieux* qui ont signalé notre passage. Aussi n'en ai-je pas parlé jusqu'ici, n'ayant rien de bon à en dire.

Nous avons traversé presque tout le Pacifique en suivant le cinquantième parallèle, c'est-à-dire la route jalonnée, au nord, par la pointe de l'Alaska, les îles Aléoutiennes, l'entrée de la mer de Behring et la pointe du Kamtchatka. Nous y avons gagné, il est vrai, quelques centaines de kilomètres, mais nous avons grelotté presque tout le temps (de six à huit degrés centigrades) et, jusqu'ici, nous avons aperçu le soleil une demi-journée.

Les personnes qui n'ont pas le moral solide (je ne parle pas du cœur) feront bien d'éviter cette traversée quasi polaire. Le Pacifique, décidément, ne mérite pas son nom et, comme s'il s'était constitué le gardien jaloux des belles Japonaises, on aurait dit qu'il s'était juré de nous barrer la route. Il a tout fait pour cela : pluie, vent, température glaciale, ciel couvert et désolant, brume dangereuse, il n'a rien épargné pour renvoyer sur les côtes d'Amérique cet imperceptible objet flottant qui semblait se rire de lui. Alors, comprenant la cause mystérieuse de notre force, il a dit aux vagues :

— Éteignez ce brasier qui fume et qui sert à ces pygmées d'ailes et de nageoires pour me franchir !

Et pendant des nuits entières, — de longues nuits, — les vagues se sont ruées sur nous, hurlant de rage, et comme de douleur, au contact des tôles brûlantes qu'elles ont laissées toutes blanches de leur sel. Mais, dans ce rude et gigantesque combat de la machine contre l'Océan, c'est la machine, une fois de plus, qui est restée victorieuse. Maintenant la mer rampe et se tait, comme un monstre dompté. Ah ! cher monsieur Zola ! Vous qui prêtez une âme humaine à la locomotive, cette vulgaire bête de somme, quelle place dans l'Olympe donneriez-vous à cette héroïne, à cette demi-déesse : la machine d'un paquebot luttant pour la vie, contre la plus grande force de l'univers créé !

La *Parthia* est un solide et vaillant navire, bien commandé par un tout jeune capitaine écossais, John Mac Tavish Panton. Celui-ci sera un jour le chef héréditaire de l'ancien clan des Panton, et, de temps immémorial, sa famille s'est alliée avec la famille souveraine du clan voisin des Mac Tavish. Florissants et illustres, jadis, ces deux clans furent presque anéantis à la bataille qui mit fin à la tentative du dernier des Stuarts pour recouvrer son trône. La confiscation exercée par le vainqueur ruina leurs chefs. Aujourd'hui, le descendant des preux compagnons de Charles, le jeune marin écossais à l'œil noir, se bat contre le vent et les flots du Pacifique. Et là-bas, près d'Inverness, la vieille souche des Mac Tavish, prête à disparaître pour toujours, fleurit une dernière fois dans la personne d'une jeune fille de dix-huit ans. Et le vieux chef du clan Panton écrit de temps en temps à son petit-fils le capitaine : « Je t'en prie ! reviens ! »... Ah ! que n'ai-je le génie et la plume de Walter Scott ! Quel beau roman !

Notre équipage est chinois, ce qui est déplorable comme effet décoratif, et médiocre au point de vue des services à attendre de ces matelots simiesques en cas d'accident grave. Des Chinois, également, font la cuisine et remplissent les fonctions de valets de chambre du bord. Ceci vaut mieux, car, depuis longtemps, je suis d'avis que les Chinois font des serviteurs hors ligne, et j'ai prédit qu'ils seront notre salut, au jour prochain où les domestiques français deviendront impraticables.

Quant aux passagers, ils se composent de deux dames et d'une dizaine de citoyens du Canada ou des États-Unis. Ces Américains ont des côtés fort remarquables, mais il faut savoir les prendre comme ils sont. Le premier soir de ma traversée sur la *Parthia*, m'étant absorbé dans une lecture quelconque, les deux coudes sur la table ronde du fumoir, je levai tout à coup les yeux pour faire part d'une observation à mes *fellow-passengers.* Ils avaient disparu, et je ne trouvai plus, à six pouces devant moi, que trois paires de semelles qui semblaient considérer, avec une commisération mêlée d'étonnement, ma façon *ancien monde* de comprendre l'usage d'une table de lecture. Supposant bien que les propriétaires de ces semelles ne devaient pas être loin, je les cherchai et les trouvai bientôt mollement étendus dans des fauteuils bas, à un demi-mètre au-dessous du niveau de la table. Dès le lendemain, j'étudiais cette position nouvelle, et je crois la tenir aujourd'hui, comme si je n'avais fait que ça toute ma vie. Même, s'il faut vous dire toute ma pensée, c'est excellent !

Ce qui distingue encore les Américains, c'est leur manie de siffler, au moment où l'on s'y attend le moins, une dizaine de notes qui, d'ailleurs, n'ont aucun sens musical. Quand le Français siffle, il serine un air. L'Américain, sauf quand il vise à la virtuosité, improvise toujours — du Wagner. La cohabitation avec des merles n'a rien d'absolument désagréable pour moi, du moment où je peux leur rendre la pareille, — et je n'y manque pas.

Enfin (mais là je ne suis plus de force) l'Américain a l'habitude et possède la faculté de faire son repas principal le matin en sortant de son lit. Ce système d'alimentation peut ne pas être apprécié de tout le monde. Mais comme il peint bien les habitudes de vie d'hommes qui travaillent et qui, une fois sortis de chez eux, veulent pouvoir se consacrer tout entiers au grand but de leur existence : le *business!*

Je ne tournerai pas la page sur mes souvenirs du Pacifique, avant d'y avoir tracé le portrait d'un passager auquel je dois — et j'ose dire qu'il pense de même à mon égard — des moments qui ne sont pas les moins agréables de la traversée. Je veux parler d'un charmant petit ours de quelques mois qui émigre, sans l'avoir demandé, le pauvre! des montagnes Rocheuses au pays des chrysanthèmes. Que de fois j'ai passé des quarts d'heure à le voir jouer sur le pont avec un petit griffon écossais dont il ne dépasse guère la taille! Que de fois j'ai partagé avec lui mon dessert! Et comme j'ai ri, souvent, à le voir plonger sa grosse patte dans son écuelle de *porridge* trop chaud, pour attirer la bouillie sur le pont et la faire refroidir plus vite. Pauvre petit Bruyn! Dans un an tu auras une grosse chaîne, tu seras méchant, et tu sentiras mauvais. Je te souhaite de mourir jeune.

Je me fais d'ailleurs un plaisir d'informer les amateurs qu'ils trouveront des ours de ce calibre, tant qu'ils en voudront, dans toutes les villes et villages des contrées avoisinant les montagnes Rocheuses. Les Indiens en offrent à qui veut les prendre pour dix ou quinze francs, et je me suis tenu à quatre pour ne pas en rapporter un. Mais j'ai craint les observations de ma concierge.

Maintenant, il ne reste plus qu'à attendre la grande joie, promise pour après-demain soir, de distinguer la terre, perdue de vue depuis deux longues semaines. Ah ! comme vous m'avez fait faute, et comme je vous regretterai souvent encore, d'ici au bout du voyage, excellent ami Boissieu !

VI

DE YOKOHAMA A KOBÉ

Atterrissage au Japon. — Yokohama. — Théâtre Japonais à Tokio. — La légation de France. — Le Mikado. — La ville de Tokio. — Les environs. — Le Fuji. — Nikko et ses temples. — La Suisse japonaise. — Bonzes Bonzesses. — Nagoya. — Kyoto. — Ozaka.

Lundi, 7 juillet (52).

Retardés par une dernière journée de gros temps, nous nous réveillons au milieu d'une brume complète. A sept heures du matin, après une traversée de dix-sept jours et de deux mille lieues, notre bateau s'arrête. On ne voit pas à deux portées de fusil en avant de l'étrave, mais le Japon *doit* être là, et il ne s'agit pas de faire connaissance avec lui d'une façon trop brusque. Nous attendons, et ce cercle de brouillard qui nous étreint fait naître les idées les plus fantastiques. Ce bandeau que nous avons sur les yeux tombera-t-il jamais ? Comme les navigateurs d'Homère, avons-nous été le jouet d'une divinité malveillante? Allons-nous découvrir que nous sommes devant Honolulu ou à l'entrée du détroit de Magellan ?...

Tout à coup un objet noir sort de la buée et nous frôle : c'est un bateau de pêche, et j'ai vu trop de paravents dans ma vie pour ne pas reconnaître au premier coup d'œil que ces pêcheurs sont des Japonais. Au même instant, la brise écarte le rideau qui nous entoure, et la pointe de Chôshi se montre tout près. Bel exemple de la précision admirable à laquelle parviennent les habiles marins d'aujourd'hui !

Nous repartons ; il nous reste à contourner une longue presqu'île pour toucher Yokohama. Hélas ! la pluie gâte complètement le paysage. Puis la brume revient ; il faut ralentir de nouveau. Une journée mortelle s'écoule. O rage! ne pas apercevoir la célèbre montagne du Fuji dont nous devrions en ce moment contempler le pic encore neigeux! Enfin, à cinq heures, nous mouillons — à tâtons — dans la baie de Yokohama, à quinze cents mètres du rivage. Une chaloupe à vapeur vient nous prendre. Les douaniers japonais soumettent nos bagages à une inspection assez anodine, et, à six heures, nous sommes installés au Grand-Hôtel. A sept heures et demie, un excellent dîner nous fait oublier toutes nos misères passées. S'il faisait beau, ce serait le cas d'aller flâner dans la ville. Mais il pleut à torrents : à nous les journaux du pays! Pour commencer, j'y lis cette nouvelle : « Le choléra vient d'éclater à Nagasaki. » Si la nouvelle arrive en France, on va me croire déjà mort.

Mardi 8 juillet (53).

La première chose que fait le touriste qui

vient de débarquer à Yokohama, c'est de prendre le train pour Tokio[1], capitale de l'empire, résidence du Mikado. On y va en moins d'une heure au moyen de trains nombreux. Sa population est de treize cent mille âmes; son étendue bien supérieure à celle de Paris.

Tokio est une ville japonaise. Yokohama, sauf un quartier indigène, est une ville européenne, peuplée d'Européens. Tout le monde sait, en effet, que les étrangers n'ont pas le droit de résider au Japon, si ce n'est sur d'étroites portions de territoire connues sous le nom de *concessions* et situées dans certains ports, dont Yokohama est le plus considérable, parce qu'il est à la fois tête de ligne des Compagnies de navigation européennes et américaines qui s'y donnent la main. C'est le centre des affaires, mais on pourrait y vivre vingt ans sans connaître le

1. Quelques personnes peuvent ignorer que Tokio est le nom actuel et officiel d'Yeddo, débaptisée depuis la révolution de 1868.

Japon, que nous irons chercher dans quelques jours, tout à fait à l'intérieur, dans les parties où l'Européen ne s'aventure guère, bien qu'aujourd'hui sa sûreté y soit complète.

Pour le moment, il s'agit d'aller voir, à Tokio, une représentation particulièrement intéressante, au théâtre Shintomi. Le plus grand acteur du Japon, Danjiuro, est sur l'affiche; on joue des fragments d'une pièce historique célèbre. Enfin il y aura même des actes de ballet-pantomime. C'est une occasion à ne pas perdre.

A deux heures, pour le lever du rideau, la salle est remplie. Elle est carrée, tout en bois, et doit contenir un millier de personnes qui, toutes, fument avec acharnement la petite pipe japonaise, dont il est de bon goût de ne tirer que deux ou trois bouffées, avant d'en recharger l'étroit fourneau. Si quelqu'un allumait le théâtre en même temps que sa pipe, ce ne serait même pas la peine de se déranger pour tâcher de sortir. On serait cuit en cinq minutes.

Tout le monde est assis par terre, soit à l'orchestre, soit dans les tribunes qui règnent sur trois côtés de la salle. Chacun paraît ravi, surtout les enfants, en nombre considérable, qui, en attendant qu'on commence, jouent à cache-cache sur la scène, derrière le rideau. Les musiciens, au nombre d'une demi-douzaine, sont dissimulés dans une sorte de cage de trois mètres carrés sur un côté du proscenium. Le plancher repose sur un pivot central et tourne sur lui-même, à la façon des plaques de nos gares, de telle sorte que les changements à vue s'opèrent en présentant au spectateur une face opposée du décor, forcément polygonal. Cette installation permet d'obtenir des effets inconnus dans nos théâtres, et singulièrement heureux.

Mais le caractère le plus nouveau de la scène japonaise pour les yeux d'un étranger, c'est qu'elle comprend aussi un pont, régnant au même niveau, et arrivant du fond de la salle, sur un des côtés, par-dessus les têtes des spectateurs accroupis au parterre. C'est par ce pont (et non par la coulisse absente) que les personnages arrivant du dehors font leurs entrées, et j'avoue que, dans dans certains cas, cette invention, au premier coup d'œil un peu primitive, se prête à des déploiements de mise en scène et à des jeux de théâtre qu'il est difficile d'imaginer sans les avoir vus.

Je ne raconterai pas la pièce, qui se passe à la cour et dans la haute aristocratie japonaise du XVIIe siècle, ce qui rend les moindres incidents interminables, vu le cérémonial exagéré qui réglait alors tous les détails de la vie. Les costumes sont superbes. Nous les avons tous vus sur les broderies et les paravents, et j'ai retrouvé là ces pantalons invraisemblables, munis de jambes de deux mètres de long, traînant en arrière comme des queues de poisson, que les empereurs d'alors imposaient à leurs daïmios, pour leur ôter la possibilité de s'enfuir après un mauvais coup.

Danjiuro, d'après ce que j'ai pu voir, est en effet un artiste de premier ordre. Il a fait pleurer toute la salle — et à juste titre — dans une scène où, prenant congé de son jeune seigneur dont il a vu périr le père, il est partagé entre le respect et une tendre émotion. A la fin, oubliant toute étiquette, le fidèle samouraï prend le noble enfant dans ses bras et ne peut retenir ses larmes. Cette scène, fort belle, jouée par ce grand acteur, ferait courir tout Paris.

Au premier acte, nous avions assisté à l'empoisonnement du père de ce petit prince, au moyen de gâteaux préparés par une main criminelle. Sur le point de porter le mets fatal à sa bouche, l'auguste personnage hésite, prévenu par un signe de ce même samouraï dont je viens de parler. Alors, voyant le complot sur le point d'avorter, le chef de la conjuration s'avance, prend un gâteau, et l'avale en souriant. Le daïmio rassuré l'imite, et se retire bientôt, emportant la mort avec lui, tandis que le stoïque assassin expire sur la scène, après une agonie qui aurait arraché des applaudissements à la plus parfaite des agonisantes de notre art actuel : Sarah Bernhardt.

Les femmes ne paraissent sur la scène japonaise que pour danser, et leur danse, vu leurs longues robes traînantes et vu surtout le caractère du pays, ne peut être qu'une suite de poses lentes et — il faut le dire — particulièrement gracieuses. Rien n'est plus joli qu'une scène de marivaudage mimée par une de ces gentilles et mignonnes créatures, et l'Exposition de 1889 ne nous a rien offert, en ce genre, d'une grâce aussi piquante et aussi complète. Mais il est impossible de parler de la danse japonaise sans parler des *guéchas*. Ces jeunes filles, souvent d'une beauté et d'une intelligence accomplies, apprennent, dès l'enfance, dans de véritables conservatoires sérieusement tenus, l'art du chant, de la danse et de la musique. Leur cours terminé, elles se réunissent en petites troupes et vont à domicile égayer les dîners et les soirées des particuliers, *en tout bien tout honneur*. Une soirée de *guéchas* est la grande politesse qu'un Japonais bien élevé peut faire à son hôte européen. La *guécha à tout faire*, qui pullule dans les ports, ne doit pas être confondue avec la véritable *guécha*, qui est une artiste.

Le défaut du théâtre japonais est la longueur des représentations. Parvenu à ma place à deux heures après midi, j'y étais encore à neuf heures et demie. Toute la salle, bien entendu, avait dîné, sans rien perdre du spectacle. Des plateaux chargés d'écuelles de riz, de salade, de poisson, de thé, circulaient dans tous les sens. Moi, j'avais fait comme les autres, et je m'étais juré de tenir bon jusqu'au bout. Mais l'heure du train m'empêcha d'attendre la fin du programme. Il paraît qu'il y en avait encore pour jusqu'à onze heures ou minuit, et c'est toujours ainsi. J'aime à croire que les mêmes acteurs ne jouent pas tous les jours, comme chez nous, d'un bout de l'année à l'autre.

Parmi les spectateurs européens, au nombre d'une trentaine, j'avais avisé un Français que je consultai pendant un en-tr'acte, sur le moyen de gagner la légation de France où je voulais déposer ma carte et ma lettre d'introduction.

— Mais, me dit mon compatriote, vous êtes assis à côté de madame Sienkiewicz, et voilà le ministre de France.

— Alors, répondis-je, ma visite sera pour demain.

Car, naturellement, je ne pouvais songer à une présentation en pareilles circonstances. Or, il arriva que mon obligeant cicerone raconta l'aventure, et ma présentation se fit... toute seule, grâce à une aménité de manières et à une rondeur de formes dont les grands seigneurs et les grandes dames diplomatiques ne sont pas coutumiers, ce dont je suis loin de leur faire un crime. Il faudrait être bien difficile pour ne pas se sentir très satisfait et surtout très reconnaissant d'un début semblable dans le séjour au Japon.

Jeudi 10 juillet (55).

J'ai passé la journée à courir les environs de Yokohama en compagnie de l'homme le plus aimable, le plus complaisant, le plus intéressant et le plus modeste du monde. J'ai nommé M. Bedout, secrétaire à la légation de France.

Nous avons visité d'abord le temple de Kamakura, ainsi appelé de la ravissante vallée venant mourir à la mer que l'on découvre de la pittoresque terrasse du temple. L'édifice est relativement petit, mais il est précédé d'une interminable avenue de gazon bordée de beaux arbres, et entouré d'une sorte de galerie où l'on montre les armes et les divers ustensiles du prince Yoritomo, qui fonda le temple au XIIe siècle.

De là, nous sommes allés rendre nos devoirs au fameux Daï-Butsu de Hasé, gigantesque idole assise, dont la tête, grosse comme une lanterne de phare, est à quinze mètres au-dessus du sol. L'image est en bronze, mais les yeux (de quatre-vingts centimètres de diamètre) sont en or, et elle porte au front un ornement d'argent du poids de quinze kilogrammes.

Enfin, après avoir déjeuné dans une auberge voisine, dont l'aspect européen gâte un peu le paysage, nous nous sommes embarqués sur un bateau de pêcheurs pour l'île de Yenoshima, qui rappelle exactement, par sa situation, notre mont Saint-Michel des côtes de Normandie. Yenoshima est aussi un lieu de piété et de pèlerinages, consacré spécialement à la déesse de la mer. Seulement, au lieu d'être couverte d'une forêt de pierres, elle disparaît entièrement sous une adorable forêt naturelle, sillonnée de petits chemins et d'escaliers qui offrent à chaque pas d'inattendues échappées sur la mer et sur une côte verdoyante. Parmi ces arbres, sont cachés des douzaines de petits temples, généralement gardés par des gamins qui reçoivent les pièces de cuivre des pèlerins et leur font boire l'eau sacrée. A chaque pas, on rencontre des maisons de thé, dont les servantes accortes et proprettes, parfois jolies, invitent le voyageur religieux ou profane à se reposer sur les nattes de leur microscopique abri. Des boutiques étalent des souvenirs du lieu, des coquillages, des bouquets artificiels, de grossières sculptures, voire même des photographies.

Mais la curiosité de l'endroit est une grotte, profonde d'une centaine de mètres, dans laquelle la mer s'engouffre, et qui se termine par un temple ou plutôt par une sorte de niche devant laquelle brûlent des lampes, et qui est consacrée à la déesse Benten-Sama, l'Amphitrite japonaise. Les pèlerins y prient avec une grande ferveur, car trois choses distinguent les habitants de cette heureuse contrée : la propreté, la politesse et la religion.

En sortant de la grotte, des gamins se

font jeter des sous qu'ils rattrapent en plongeant dans la mer, à la façon de leurs collègues d'Aden. C'est, paraît-il, une innovation, et mon compagnon Bedout, Japonais convaincu, gémit de voir les mœurs locales gâtées par cette sorte de mendicité déguisée.

Quoi qu'il en soit, je ne crois pas avoir jamais vu le *joli* dans le pittoresque poussé au point où on le rencontre dans l'île de Yenoshima, car ici la mer elle-même semble n'avoir que des caresses, et l'on dirait qu'elle évite volontairement de communiquer à la côte ce je ne sais quoi d'un peu rude, qu'elle donne aux hommes et aux choses, chez nous, même quand elle se fait gracieuse et câline.

Vendredi, 11 juillet (57).

Il n'est pas rare pour un *globe-trotter*, d'être debout à six heures du matin. Mais ce qui l'est davantage, c'est d'apparaître en habit noir et en cravate blanche à cette heure peu élégante. C'est pourtant ce qui m'est arrivé aujourd'hui, car j'avais l'honneur d'être invité, par faveur spéciale, à prendre place parmi les hauts fonctionnaires de la cour japonaise entourant le Mikado, qui a présidé ce matin la distribution des récompenses de l'exposition nationale japonaise, devant être close le 31 juillet.

Cette exposition, que je me faisais une fête de visiter, n'a pas eu pour moi, soit dit en passant, tout l'intérêt que j'attendais. Installée très simplement dans de nombreuses constructions en planches, sans la moindre apparence de couleur locale, son grand défaut est d'être classée par provinces, ce qui empèche d'étudier d'un seul coup une même industrie. En outre, les objets sont rangés dans des vitrines monotones, sans la moindre idée d'*étalage*. Il faut découvrir les richesses offertes à l'admiration du public, mais il est juste d'ajouter qu'elles sont souvent des plus remarquables, notamment en ce qui concerne les bronzes, les porcelaines et les broderies. La partie rétrospective, devant laquelle je comptais m'émerveiller, m'a paru extrêmement restreinte. Il arrive d'ailleurs pour cette exposition ce qui arrive pour les exhibitions du même genre, souvent tentées à Paris. Une tournée dans les magasins fait voir les mêmes choses, plus agréablement, car on peut alors se faire montrer les objets tout à l'aise et les considérer à loisir,

Quoi qu'il en soit, la cérémonie de ce matin devait tenter la curiosité d'un touriste, car il est assez rare que le Mikado se montre en public. C'est un homme de trente-huit ans, plus grand que la plupart de ses compatriotes, et dont la figure intelligente porte bien la majesté du pouvoir absolu. Mais s'il a, comme Louis XIV, le soleil dans ses armes, il ne partage pas avec lui l'avantage d'être le plus bel homme de son empire. Son visage basané, ses yeux petits, ses lèvres très fortes, lui donnent une certaine analogie avec la race malaise, qui n'a jamais passé pour séduisante entre toutes ! Il portait un uniforme de général de son armée, car nous ne sommes plus, hélas ! au temps des splendides costumes de cour qui éblouissaient par un ruissellement d'or, de broderies et d'éclatantes étoffes. En revanche, les fracs des ministres disparaissent sous l'or des feuillages et des arabesques. Ce n'est plus de la chamarrure, c'est du crépissage, et chacun de ces uniformes doit coûter une année de traitement. Par bonheur pour eux, ces braves ministres sont plus stables que les nôtres. La plupart sont au pouvoir depuis 1868 et, généralement, ils tombent de vieillesse, façon de *tomber* que ne connaissent guère les ministres de chez nous.

L'impératrice, retenue dans son palais par une indisposition, n'a point paru, au désappointement général. C'est, paraît-il, une femme agréable, plutôt jolie, et remarquablement habile dans l'art européen et princier de dire un mot aimable à chacune des personnes qui l'approchent.

Après la cérémonie, qui a ressemblé à tout ce qu'on voit chez nous dans le même genre, mais sans le moindre cri ni la moindre marque d'enthousiasme, le Mikado est rentré chez lui dans sa voiture de gala, avec escorte de cavalerie, piqueur en tenue anglaise, en un mot tout l'appareil des souverains d'Occident. Et, le maître parti, tous ces bons ministres chamarrés d'or sont allés s'asseoir comme de simples bourgeois devant l'une des nombreuses maisons de thé installées à l'exposition, et ils ont reçu, de la main des petites servantes, le breuvage national ou la limonade glacée. La foule, d'ailleurs, semblait trouver la chose absolument naturelle. Ah ! l'honnête, le simple, l'heureux pays !

Samedi, 12 juillet (46).

J'ai fait aujourd'hui, en compagnie de M. Bedout, dont la personne et la complaisance sont également infatigables, une grande tournée parmi les magasins de Tokio. Ce qui distingue une *ville*, chez nous, c'est non seulement le nombre des habitants, mais encore l'importance des habitations. Au Japon, il n'en est pas de même et, sauf les édifices consacrés aux services publics, les maisons qui composent la ville sont faites sur le même modèle que celles d'une bourgade ordinaire, c'est-à-dire fort petites. Car tout est petit, au Japon (sauf les corbeaux qui sont énormes), et cette apparence *mignonne* des choses est le caractère dominant du pays, où le *joli* se rencontre à chaque pas, tandis que le *beau*, dans la signification grandiose du mot, y est, en somme, assez rare. Tout est réduit, mais on dirait que la nature s'est concertée avec l'homme pour calculer ses propres œuvres d'après une échelle de proportions exactes. L'être humain est petit, comme chacun sait, mais bien pris dans sa personne, avec des extrémités remarquablement fines, surtout chez les femmes. Et cette population cultive de petits champs, séparés par des chemins qui ressemblent à des allées, dans des vallons de cinq cents mètres de large, arrosés par des ruisseaux et encaissés entre des chaînes de montagnes de soixante mètres d'altitude. Des wagons grands comme nos tramways, traînés par des locomotives-joujoux, circulent gentiment dans ce paysage, passant sur de petits ponts ou sous de petits tunnels et s'arrêtant à des stations grandes comme des boîtes à dominos [1].

Naturellement les maisons obéissent à la loi commune. Les pièces sont exiguës, et, comme les portes, souvent, n'auraient pas la place d'y tourner sur des gonds, elles sont toujours à glissières. Un escalier fort

1. Ceci est vrai surtout pour les environs d'Yokohama et de Tokio. La chaîne centrale de la grande île du Japon atteint deux mille mètres en moyenne. Sur le chemin de fer de Tokio à Kobé, connu sous le nom de *ligne du Tokaïdo*, on franchit des tunnels d'un kilomètre et des ponts qui atteignent et dépassent cette longueur, tels que celui du Tenriugawa, qui mesure douze cents mètres.

raide d'une dizaine de marches conduit à l'étage supérieur, et tout cela est si léger, si mince, si menu, qu'on s'attend toujours, pour peu qu'on ait une pesanteur et des dimensions européennes, à voir ces murailles de planches et ces cloisons de carton s'aplatir, comme un chalet de poupée sur lequel un bébé trop bien nourri voudrait s'asseoir.

Mais je reviens aux boutiques de Tokio. Là, bien entendu, pas un meuble. Le client indigène laisse sa chaussure à la porte, comme en Orient, et s'assied sur les nattes du magasin. Alors, on pose par terre devant lui l'objet qu'il désire, et le marché se débat avec une extraordinaire patience de part et d'autre. L'Européen, Dieu merci! n'est pas obligé d'ôter ses bottines qu'il se contente d'essuyer soigneusement sur un paillasson qu'on apporte exprès. Le boutiquier, parfois, jette un regard attristé sur ses belles nattes, faites seulement pour le contact des pieds nus ou chaussés d'étoffe, mais il se résigne poliment. Aussi bien la mauvaise humeur me paraît chose totalement inconnue chez le marchand japonais. Ce brave homme et toute sa famille vous ont reçu à genoux (à la lettre) ; sa femme vous a servi le thé dans une tasse microscopique ; son fils a déposé devant vous le petit réchaud tout allumé pour la cigarette ou la pipe ; vous avez fait bouleverser toute la boutique ; vous avez admiré et retourné chaque objet : laques, bronzes, ivoires, paravents, kakémonos, etc. ; vous avez posé mille questions (par interprète, bien entendu), et, finalement, vous partez sans avoir acheté pour un centime. On vous fait le même salut prosterné qu'en arrivant, avec le même bon sourire, et vous êtes déjà au milieu de la rue que les *sayonara* ! (adieu !) vous poursuivent comme si vous aviez vidé votre bourse. Il faut noter que dans les boutiques sérieuses, j'entends celles qui n'ont pas l'habitude de la clientèle européenne, il est généralement inutile de marchander. Ailleurs, il faut procéder comme aux bazars du Caire et de Constantinople.

A la nuit tombante, chez le plus gros marchand de soieries, j'ai assisté au départ des employés. Toute la bande est venue successivement se mettre à genoux, le front sur la natte, devant chacun des patrons, avec un silence plein de respect, puis s'est envolée dans la rue, avec la joie bruyante d'une troupe d'écoliers après la classe.

Les rues de Tokio sont aussi mouvementées que celles de Paris, à cela près que le cheval n'y apparaît que rarement, car la traction des personnes et des fardeaux quelconques s'y opère à peu près exclusivement par des hommes. C'est le moment de parler du fiacre japonais (*jinrikisha*), dont la description est inutile, car il n'est autre que le *pousse-pousse*, soi-disant tonkinois[1], que vous avez vu et pratiqué sur l'espla-

1. L'entrepreneur qui les a fournis les avait commandés à Tokio.

nade des Invalides pendant l'Exposition. Mais, au Japon, l'être qui cumule les fonctions de cocher et de cheval de ces légers véhicules va toujours au pas de course. Je n'ai jamais vu un seul *kuruma* (c'est le nom qu'on lui donne par abréviation de *kurumahiki*) s'arrêter pour reprendre haleine, même après un trajet d'une heure (dont le tarif est de cinquante centimes). Aussi, quitte à indigner notre fausse sensiblerie, je déclare que ce moyen de locomotion est idéal, et je le mets à cent pieds au-dessus des fiacres parisiens, comme agrément, sécurité, commodité et économie. Le nombre des *jinrikishas* numérotées inscrites à la municipalité de Tokio est de *trente-deux mille*.

Tout le monde, sauf les très pauvres, employant la *jinrikisha*, cet équipage peu encombrant fait le fond de la circulation dans la rue japonaise et lui donne un caractère spécial, unique. Des charrettes, tirées et poussées à bras d'hommes, voiturent les poids lourds, qui sont aussi transportés sur le dos des portefaix. Ceux-ci, de même que les *kurumas*, n'hésitent pas, quand il fait chaud, à simplifier leur costume jusqu'à la tenue de bain. Vers trente degrés ils se débarrassent de leur pantalon. A trente-cinq ils suppriment le gilet. Plus haut leur tunique, fort courte, disparaît à son tour. Le costume se réduit alors à une serviette qui est au caleçon de nos nageurs ce que la mitaine est au gant. Honni soit qui mal y pense!

Au milieu de ces coureurs ou de ces porteurs, circule la foule des piétons proprement dits: étudiants en longues robes ultra légères et en chapeaux de paille européens, petits bourgeois et employés en complets de la *Belle-Jardinière*, soldats tout en blanc avec la casquette allemande, Chinois à la blouse de calicot coupée verticalement par le trait noir de leurs longues queues, femmes du peuple roulées dans leurs *kimonos* aux dessins presque toujours charmants, avec leurs beaux cheveux noirs étalés en ailes de papillon, et les très larges *obis* (ceintures), qui leur mettent dans le dos un énorme nœud carré, lourd et encombrant à l'œil comme un sac de fantassin. Des petites filles, hautes de trois pieds, portent déjà en croupe des bambins de quelques mois et semblent oublier la présence du petit frère ou de la petite sœur qui hurle dans leur nuque, pour rire et bavarder entre elles avec l'insouciance de leur âge.

Parfois une ligne de tramway désole et déconcerte l'œil du touriste qui est venu chercher l'oubli des banalités européennes. Et cependant le Japon est moins européen qu'on ne le dit, dans son costume, dans ses goûts, et même dans ses sympathies. Il faut même signaler, en ce moment, une tendance anti-étrangère dont certain parti politique s'arme comme d'un programme, et qui se manifeste parfois, dans les lieux publics, par des interjections peu aimables lancées aux Européens. Le grand monde japonais se pare beaucoup plus qu'il y a quelques années du costume national, et j'avoue qu'après avoir vu, par exemple, la jolie marquise Nabeshima successivement en Japonaise et en Parisienne, je n'ai pas le courage de blâmer cette réaction contre nos modes. Mais les Européens qui résident ici voient la chose sous un point de vue moins léger, et se demandent jusqu'où ira cette renaissance de l'idée nationale chez les sujets du Mikado. Ils se demandent, par la même occasion, si l'un de nos économistes les plus écoutés a fait preuve d'une intelligence rare en établissant que le Japon (où il n'est jamais venu) peut aujourd'hui se passer des étrangers, qu'il le doit, et qu'un de ses premiers soucis doit être de protéger ses industries par des tarifs de douane sérieux. Éternelle manie du Français, qui veut faire le bonheur des autres peuples... aux dépens du sien !

Lundi 14 juillet (59).

A midi, le *Villars*, bateau de guerre français, a tiré le premier coup de son salut en l'honneur de la fête nationale. Immédiatement, les navires de guerre des autres nations, stationnés à Yokohama, ont commencé à répondre, et, pendant cinq minutes, l'immense rade a été remplie de bruit et de fumée. Le soir, joli feu d'artifice sur l'eau. Les gamins indigènes font pleuvoir une grêle de pétards au milieu de la foule compacte. Mais il faut croire que chacun y est habitué, car on ne s'en préoccupe pas plus que si c'était une pluie de pétales de roses. Tout cela, vu commodément de la véranda du Grand-Hôtel, est assez drôle, et, pendant toute cette journée, je n'ai pas regretté Paris et son atroce cohue de ce jour.

Seulement nous avons quarante degrés de chaleur.

Vendredi 18 juillet (66).

Je viens de passer deux jours agréables dans les montagnes, à Myanoshita, de vraies montagnes, celles-là, qui ont au moins six cents mètres de haut. On se rend par le chemin de fer à Kodzu, sur la grande ligne de Kioto et d'Oxaka ; puis on gagne Yumoto par un tramway d'une douzaine de kilomètres ; puis on prend une *jinriskisha* à deux hommes qui vous mènent, par un chemin de montagne quelque peu cahotant, jusqu'au ravissant village de Myanoshita.

Cet endroit m'a rappelé les Eaux-Chaudes des Pyrénées par sa situation et par les eaux minérales qui y attirent beaucoup de monde, sans compter que la route d'Yumoto à Myanoshita ressemble à celle de Laruns aux Eaux-Chaudes, toujours avec l'échelle de réduction japonaise. L'hôtel Fujiya est le mélange le plus amusant du monde de la construction japonaise avec l'ameublement et la cuisine d'Europe. On est servi à table par de petites servantes du pays, propres et adroites comme tout, et baragouinant un peu d'anglais. Convives curieux, dans toutes les toilettes. Ma blouse de *globe-trotter* doit faire une singulière figure à côté d'une

Américaine qui a des diamants dans les cheveux. En face un vieil Anglais, probablement ravagé par l'infernale température de Shang-Haï, boit tristement sa tasse de lait. Les paresseux, pour se distraire, vont voir les gens du pays tirer de l'arc (le grand sport national), ou achètent des bibelots en bois aux innombrables boutiques qui rappellent de plus en plus nos stations de montagne. Les autres vont visiter le lac d'Hakoné, ou montent sur une cime voisine d'où l'on aperçoit le majestueux Fuji, élevant du milieu de la plaine son large cône, encore paré de filaments neigeux. Le Fuji, de tout temps cher aux Japonais, qui ne manquent pas de le placer dans le coin des paysages qu'ils brodent ou qu'ils peignent, ne mesure pas moins de trois mille sept cents mètres de haut, ce qui est, pour ce pays, une altitude fabuleuse. D'ailleurs il a l'air un peu triste et embarrassé de sa solitude ; tel un tambour-major au milieu d'une réunion d'enfants de troupe.

Solennel vieillard, chargé de temples sans nombre, entouré des légendes les plus glorieuses, jadis grondant et terrible, aujourd'hui tranquille, désarmé et poudreux comme tes idoles, je te salue ! Tu seras un des souvenirs de mes longues promenades sur la boule terrestre, frère auguste de ces monts sacrés dont mes yeux ont déjà reconnu les cimes : le pic d'Adam, le Sinaï et le mont Olympe, immortels jalons marquant la route de l'ignorance humaine à la recherche du vrai Dieu !

Mercredi 23 juillet (68).

Me voici au milieu des charmantes montagnes de Nikko, qui sont en même temps des montagnes sacrées, car elles cachent, sous les futaies solennelles de leurs grands cèdres, les temples les plus riches et les plus vénérés du Japon, et les mausolées de deux de ses grands princes. Décrire l'un après l'autre ces sanctuaires, ces chapelles, ces portiques, ces pagodes aux nombreuses toitures superposées, avec ce retroussement connu de l'architecture du pays ; détailler les sculptures, les panneaux à jours fins comme de la dentelle, les statues, les bronzes, les cabinets de laque grands comme des maisonnettes, les lanternes d'airain, les trépieds de métal ou de granit, tout cela demanderait un gros volume et, surtout, ne pourrait s'entreprendre qu'après un séjour de plusieurs mois au milieu de cet amoncellement inouï de souvenirs et de richesses.

Si seulement je pouvais vous donner l'impression générale que j'ai ressentie ! Ah ! je ne dirai plus désormais que la sensation du grandiose et de l'imposant ne se trouve pas au Japon. Elle est ici ; elle résulte de ces trois puissances merveilleusement combinées et complétées l'une par l'autre : la nature, l'art et l'idée religieuse.

La première chose que l'on voit, en sortant de la gare de Nikko, est un pont de vingt-cinq mètres, *en laque rouge*, jeté sur un des mille torrents de ce pâté de montagnes de six à huit cents mètres d'altitude. On avance, attiré par de majestueuses avenues, pleines d'une paix auguste, et, presque aussitôt, un grondement vague et musical, arrivant à intervalles mesurés, semble commander le respect et le silence. C'est le bruit de la gigantesque cloche de bronze, en forme de tiare, que les bonzes frappent à l'aide d'une poutre suspendue comme un bélier. L'onde sonore se répand au loin, dans la vallée, parmi les troncs aux formes pures des géants toujours verts. Telle, sous les piliers d'une cathédrale, court la voie sortie des tuyaux de l'orgue, ami et compagnon de la piété. Je n'ai jamais rien entendu de plus grave et de plus religieux que ce lent appel à la prière, toujours reprise dès qu'elle est terminée.

Mais voilà que le mystérieux *torii* en laque rouge, sorte d'arc de triomphe en forme de portique de gymnase, indique au voyageur qui l'a franchi que la terre où il pose ses pieds est sacrée. Et alors l'interminable pèlerinage commence. C'est d'abord une longue chaussée pavée de dalles, qui vous amène dans la cour d'un temple entouré de ses dépendances diverses. Voici la cuve de granit où il faut boire l'eau sacrée. Voici le pavillon où le cheval du grand pontife mange son avoine d'un air bon enfant, malgré le caparaçon de soie violette aux armes impériales qui l'enveloppe. Voici la tribune où la danseuse sacrée trône fièrement dans son immobilité extatique. Vêtue de blanc par-dessus sa première tunique rouge, elle porte un chaperon bizarre en forme de ∞ couché, pareil à certaines coiffes bretonnes. Elle a grand air, et je lui fais un profond salut qu'elle me rend poliment, en me montrant le sceptre d'or en forme de marotte, signe de ses fonctions, d'ailleurs rarement exercées. Dans cette cour, deux bambines de trois ou quatre ans, aux *kimonos* riches et de teintes voyantes, se promènent en traînant leurs sandales. Ce sont les deux filles du Mikado, envoyées à Nikko pour respirer le bon air. Quant à leur impérial papa, il ne quitte jamais sa capitale, dont son palais, entouré de fossés, occupe une part énorme.

Au fond de la cour, le temple proprement dit, sorte de hangar ouvert plus ou moins de trois côtés. Mais quel hangar ! Ses piliers sont du bois le plus précieux, sculpté, peint, laqué, décoré, rehaussé de bronzes. Ses plafonds à caissons sont le triomphe de la fantaisie et l'idéal du bon goût. Car ce qui est merveilleux, c'est qu'on peut parcourir pendant des semaines ce labyrinthe religieux, qui est en même temps le musée de l'art de plusieurs siècles, sans y trouver une proportion à reprendre, une ligne à critiquer. Et, tandis que les *japonneries*, faites pour l'exportation, qui nous arrivent par centaines de tonnes, nous font hurler à force de fausseté et d'éclat dans les couleurs, ici la couleur est toujours fondue, harmonieuse, mesurée, qu'il s'agisse de la décoration d'un temple ou du costume de la femme du peuple qui passe dans la rue, voire même des atours plus étudiés de la... demoiselle pas comme il faut qui trône à son étalage du Yoshiwara.

On a souvent parlé de la ressemblance du temple bouddhiste avec notre église. Matériellement, elle est indéniable. Ici, comme chez nous, une balustrade plus ou moins riche sépare le sanctuaire de la partie ouverte aux fidèles et, dans ce sanctuaire, nous trouvons quelque chose qui ressemble à un autel, avec ses cierges et sa lampe toujours allumée. Mais une foule d'objets, en apparence étrangers au culte, coffrets, écrans, bronzes représentant des oiseaux ou des monstres, *curiosités* de toute sorte, font ressembler cette chapelle à une boutique supérieurement assortie en chefs-d'œuvre. Un grand nombre de ces objets sont des instruments destinés à produire un bruit quelconque, car il est nécessaire d'attirer l'attention de Dieu pendant qu'on le prie. Voici des cloches, des grelots, des gongs, des tambours, des timbres de tous les modèles et de toutes les grandeurs. Et, tandis que les bonzes psalmodient leur office d'un ton nasillard, il y a toujours un marteau qui frappe, plus ou moins vite et plus ou moins fort, sur un de ces objets. Dans certaines sectes où la prière est continue, ce battement, régulier comme le travail d'un piston, ne s'arrête pas pendant des demi-journées entières. Le fidèle vient à toute heure et prie isolément. Il se prosterne sur la natte, se relève, jette un sou devant lui ou dans l'énorme tirelire, grande comme une huche, et frappe dans ses mains pour qu'on fasse attention à lui là-haut, à moins qu'il ne fasse résonner un grelot monstrueux (dans les temples bien installés), à l'aide d'une corde qui pend du plafond.

Ne vous pressez pas de rire de ces pauvres ignorants. J'ai vu, dans ces temples, de zélés pèlerins, à demi morts de chaleur et de fatigue, prier comme des saints, avec le rayonnement de la foi sur leur visage. Et quelle menace terrible pour *ceux qui savent*, si ceux-là qui ignorent ne sont pas sauvés !

Mais sortons des sanctuaires les plus rapprochés de la petite ville, et enfonçons-nous dans la montagne. Quelques centaines de pas le long d'un ruisseau qui chante, et voici que, devant nous, une file de degrés innombrables se dresse tout à coup, comme une autre échelle de Jacob cherchant à atteindre le ciel. Sans un ornement, sans une moulure, ces marches de granit contrastent par leur rigidité austère avec l'or et les peintures que nous quittons et que nous allons voir encore. Nous montons, sous le dais obscur des cèdres, dans le silence de la forêt sacrée. Des terrasses, dont la balustrade est drapée par le velours vert d'une mousse qui semble toute neuve, nous permettent de nous reposer une minute ; puis, de nouveau, l'escalier s'envole verticalement, sans l'apparence d'un détour ou d'une courbe. Nous franchissons des portiques, nous passons devant des chapelles ; nous montons encore, mais le demi-jour qui règne sous les cryptomérias séculaires n'en paraît que plus idéal dans sa pure fraîcheur. Et, enfin, le silence et la solitude deviennent complets, et nous arrivons dans l'enceinte carrée où dort, à l'abri d'une urne gigantesque de bronze, celui qui tantôt édifia les peuples par sa vertu, tantôt les conquit par son glaive. Ah ! qu'on est bien là pour reposer, loin du bruit des hommes, au-dessus des troubles terrestres, parmi les ruisseaux limpides glissant avec des chuchotements de prière, sous l'ombrage aromatique d'où la cognée n'approcha jamais ! Que peut-on regretter dans cette sérénité paisible et pure, sans un écho humain ?... Je songeais ainsi. Et soudain, sur ma tête, bien haut, dans l'asile impénétrable des branches parfumées, une tourterelle se mit à chanter sa tendresse. Et je me demandai si ce mort illustre, dont la tombe a coûté tant de millions, ne regrette pas une chose, des bonheurs de la terre qu'il a connus, une chose que lui rappelle l'amoureuse colombe, soupirant, sans se laisser intimider ou distraire par toute cette pompe, dans ce coin auguste entre tous de la sainte forêt.

Pour présenter Nikko sous un autre aspect, il convient de dire qu'on y vient de Tokio par le chemin de fer, en quatre heures ; qu'on y trouve l'air, la fraîcheur, l'ombre, des excursions charmantes, des cascades merveilleuses, un hôtel très suffisant. On y trouve, pendant la *saison*, des *ministresses* hospitalières et bienveillantes, comme madame Senkiewicz ; des Françaises jolies, accueillantes et *en train*, comme madame Revilliod, dont le mari occupe une chaire de droit à l'Université japonaise. Conclusion : dans trois ans, Nikko sera le Vevey et le Saint-Moritz du Japon, et mesdames les Européennes y feront assaut de toilettes, au nez de Bouddha et de ses bonzes.

Vendredi 25 juillet (70).

Encore plus haut dans les montagnes! altitude, près de mille mètres. Encore plus loin de la moindre réminiscence européenne, car cette fois je suis dans le petit village perdu de Chiu-zen-jî, délicieusement situé à la pointe du lac de ce nom, comme Lucerne au bord du lac des Quatre-Cantons, auquel celui-ci ressemble en petit (toujours). Il a douze kilomètres de long sur quatre de large, et des hauteurs couvertes d'une verdure extravagante servent de ceinture à ses eaux bleues, où mon auberge japonaise trempe les pieux qui la supportent. Il va sans dire que je ne me suis pas aventuré tout seul dans un pays où je ne pourrais pas demander à dîner, et où je ne pourrais pas manger les mets qui me seraient servis. Mon providentiel ami Bedout m'accompagne, et il m'a prouvé clair comme le jour que je lui rendais un service énorme en lui permettant d'accomplir pour moi les fonctions de guide, de courrier, d'interprète, de maréchal des logis et même de cuisinier dans la personne du fidèle Kadzu, son domestique. Ce brave garçon nous a suivis comme une ombre, juché au sommet d'une pyramide formée de nos valises, de paniers de linge, de mannequins de bouteilles et de comestibles, couronnée d'un chapiteau de casseroles; il a emporté toutes celles de son maître, sans doute pour « épater les populations ».

La pyramide est portée elle-même sur le dos d'un cheval d'apparence modeste qui nous donne, avec tous ces cuivres, un faux air de rétameurs en tournée. Mais il ne faut pas s'aventurer sans biscuit (et surtout sans pain) dans ces régions où toute commodité européenne est inconnue.

En effet, l'aubergiste japonais, quand il s'est suffisamment prosterné, vous conduit dans une chambre dont on ne peut pas même dire qu'elle a les quatre murs, car on n'aperçoit d'abord que le plancher tapissé de nattes très molles, le plafond, et quatre poteaux marquant les quatre angles. En un tour de main, les petites servantes, trottinant comme de jeunes canards, ont installé les paravents de carton qui figurent les cloisons, et le transparent de papier huilé qui figure la fenêtre. De meubles, il y en a autant qu'au milieu du Sahara. Si vous êtes fatigué, vous avez le droit de vous asseoir par terre. Vos chaussures sont restées à la porte donnant sur la rue ; vous ne les reverrez plus qu'en quittant la maison.

Madame, j'ignore où vous avez passé votre été ; mais je vous souhaite d'avoir connu, dans votre villa de Trouville ou dans votre chalet d'Interlaken, une heure comme celle que j'ai passée sur les *tatamis* de ma petite terrasse de l'auberge de Chiuzen-ji, écoutant le bruit de la grande cascade par où s'écoule le trop-plein du lac, et suivant de l'œil la voile blanche de la nacelle guidée par les pêcheurs demi-nus.

Kadzu la surveillait aussi, avec des idées moins poétiques. A peine la barque a fait crier le sable, au pied de notre terrasse, il s'élance... Dix minutes après, la truite savoureuse, passée en quelques instants de vie à friture, fume sur la table japonaise, haute de six pouces, entre des hors-d'œuvre variés, dignes d'un déjeuner parisien, et... une bouteille de Pique-Poux ! A ce trait — si je ne le savais déjà — je devinerais que Bedout adore sa terre natale et, certes, je doute qu'un verre de ce vin peu connu des gourmets ait jamais été bu aussi loin du vignoble qui le produit, sans en être plus fier pour cela. Nous avons porté la santé du Gers, et des chers parents que nous y possédons l'un et l'autre.

Après midi, ravissante promenade à pied jusqu'à un autre lac d'un admirable vert d'émeraude, que l'écoulement des eaux sulfureuses thermales d'Yumoto change en un liquide ayant l'apparence de l'absinthe. Ces bains sont extra-primitifs : des hangars abritant des piscines où fume l'onde salutaire. Assis dans l'eau brûlante jusqu'au menton, une foule de malades des deux sexes font leur cure en costumes d'Adam et d'Ève, causant tout aussi tranquillement qu'ils pourraient le faire dans le salon de l'hôtel Continental.

Bedout m'a traduit une charmante inscription, digne de ces lieux adorables :

MES EAUX TE GUÉRIRONT DE TOUTES LES MALADIES... EXCEPTÉ DE L'AMOUR!

Samedi 26 juillet (71).

Nous étions arrivés à cheval à Chiuzen-jî ; nous en partons en bateau. Puis, à l'autre bout du lac, nous nous mettons à grimper le raidillon de la passe, précédés de trois solides montagnards qui portent nos bagages et la batterie de cuisine. Kadzu marche derrière nous, l'air très comme il faut et très sérieux. Tous ceux qui nous regardent passer croient évidemment saluer un compatriote original qui s'est payé deux domestiques européens. Au col, une maison de thé nous offre son ombre, ses nattes et ses petites tasses où fume le breuvage national — un peu fade, soit dit entre nous. Ces maisons de thé font ma joie. Où que vous soyez, au Japon, dans la banlieue d'une grande ville, au bord d'un lac, au pied d'une cascade, au sommet d'un pic, au milieu d'un bois, partout où le site est plaisant et le coup d'œil pittoresque, vous pouvez être sûr de trouver à foison ces maisonnettes hospitalières. L'hôtesse sourit quand vous arrivez, elle sourit quand elle vous apporte ses tasses, elle sourit en encaissant vos deux sous, elle sourit quand vous partez, et les *sayonara* n'en finissent plus. Ce n'est pas cher quelques centimes pour tant de bonne humeur et de sourires — même sans sucre !

Dans la *chaya* où nous venons d'entrer, Bedout avise la dépouille frontale d'un cerf nouvellement tué, sans doute par quelque braconnier de la montagne. Pauvre Kadzu ! Adieu son prestige ! On lui passe en sautoir le trophée cynégétique acheté par son maître.

Et, pendant des jours et des jours, à pied, à cheval, en jinrikisha, en chemin de fer, le brave garcon (un étudiant qui s'est mis au service pour payer ses cours) ne voyagera plus qu'avec son bois de cerf en sautoir. Il semble d'ailleurs s'y attacher, ne le quittant que pour faire la cuisine et aussi, je pense, pour dormir.

Nous voilà repartis. Nous descendons pendant trois heures une gorge assez raide, et, chose rare au Japon, entièrement déboisée. Nous passons aux mines de cuivre d'Ashiwo, dont les usines à fumée âcre empoisonnent également l'air des montagnes et l'eau du torrent. Déjeuner et sieste dans un pauvre village; puis, nouvelle étape, cette fois en voiture *humaine*, par des chemins qui ressemblent à un escalier où il manquerait des marches. J'envie de tout mon cœur les hommes qui nous traînent (pendant cinq heures, pour fort peu d'argent).

Mais qu'importent les cahots! Nous suivons à cette heure l'incomparable vallée de Watarasé-gawa, le Tempé des Japonais, mille fois chantée par leurs plus grands poètes, anciens et modernes. Les tableaux variés et charmants dont la suite ininterrompue se déroule sous nos yeux nous font oublier tout le reste. Je renonce à les décrire. Imaginez tous les genres de pittoresque des vallons de la Suisse et du Tyrol accumulés sur un parcours de quelques lieues : pentes recouvertes d'une épaisse verdure, arrosées à chaque pas de cascades ou de ruisseaux à peine devinés sous l'ombrage; moulins placés comme à plaisir pour l'achèvement du décor; rochers bizarres; ponts en arc de cercle fantastique, pareils à ceux des paravents; torrent écumeux au fond de la gorge. Et maintenant jetez dans cet ensemble la note japonaise : les érables rougissants parmi les pins au lourd feuillage; le cultivateur presque nu, à la peau couleur de brique, fouillant la terre; les bandes de pèlerins qui circulent, fatigués, portant le manteau de paille tressée par-dessus leur vêtement blanc; le village grouillant de marmots *nature*, ou de fillettes à la tête tonsurée comme celles de nos prêtres ; les mères cousant, accroupies sur la natte de leurs maisons, leur tête fine alourdie sous l'échafaudage volumineux de leurs cheveux noirs, lustrés par l'huile. Cachez dans les branches la cigale dont le cri ressemble au piaillement d'un oiseau ; faites voltiger le long des haies le grand papillon noir aux ailes découpées en forme de lyre; vous aurez peut-être une idée de la vallée de Watarasé-gawa, et de dix autres que j'ai vues, mais dont je ne vous parlerai pas, craignant la monotonie des redites.

Vers le soir, les premiers mûriers apparaissent et, dans chaque chaumière, nous voyons des femmes occupées à dévider les blancs cocons. Tout le monde sait que la soie est la grande richesse du Japon, — surtout depuis qu'elle n'est plus celle de notre Midi, ruiné sur certains points par la maladie du ver, comme il l'est ailleurs par le phylloxera.

Enfin, à la tombée de la nuit, nous arrivons à l'étape, la plus mauvaise que j'aie connue dans les États du Mikado. L'auberge est sale et encombrée. Le bruit, les puces, les moustiques, l'odeur puante de la moustiquaire peu efficace sous laquelle je m'étends, ne me permettent pas de fermer l'œil. Et — cruelle ironie ! — j'*entends* Bedout qui dort, « comme on dort à vingt ans » ! C'est la première fois de ma vie, et la dernière sans doute, que je lui en ai voulu d'un manque d'égards.

Lundi 28 juillet (73).

Connaissez-vous la jolie ville de Zenkoji où nous venons de faire notre entrée? Probablement que non, car mon guide, qui n'y est jamais venu, prétend que nous la *découvrons* et qu'elle est inconnue des touristes européens. Elle est située à deux heures seulement de la côte septentrionale du Japon, et l'on n'y arrive pas facilement, car les ingénieurs indigènes qui avaient entrepris de relier Tokio à la mer du Nord-Ouest, en traversant l'empire dans toute sa largeur, n'ont jamais pu — heureusement, franchir la chaîne centrale que couronne le cratère fumant de l'Asama-Yama. Le touriste y gagne de franchir à pied, en jinrikisha, ou dans une sorte de tramway de poupées, la plus délicieuse passe qui se puisse imaginer; dix-huit kilomètres de lacets dans une jolie forêt, avec des maisons de thé d'opéra-comique à chaque tournant. Le col franchi, on découvre le volcan dont on est séparé par une plaine assez morne, qui n'est à vrai dire, qu'une grande flaque de lave refroidie, où croît une herbe assez triste, en attendant la petite fête de la prochaine éruption. Là, on retrouve l'autre morceau du chemin de fer. C'est lui qui nous a conduits à Zenkoji, une des villes saintes du Japon.

Il faut croire qu'en effet les Zenkojiens ne sont pas blasés sur les visites des Occidentaux. A peine Bedout et moi avons-nous mis le pied hors des jins qui nous ont amenés de la gare, que nous sommes entourés d'une foule de gamins, à laquelle des adultes ne rougissent pas de se joindre. Depuis le jour, déjà lointain, où la population d'une ville siamoise de l'intérieur voulut bien s'assembler pour me voir prendre un bain dans *sa* rivière, je ne me souviens pas d'avoir été honoré d'une curiosité semblable. Kadzu, toujours chargé de son bois de cerf, semble assez fier du succès de ses maîtres, si j'ose me permettre ce pluriel.

Ne craignez pas que je vous décrive de nouveau les temples vénérables, peuplés de pigeons sacrés, leurs portiques imposants, leurs vastes cours garnies de boutiques où j'ai acheté un énorme chapelet, l'affluence des pèlerins et des pèlerines se pressant autour du bonze qui marque leur chemise blanche du timbre rouge du sanctuaire.

(Ainsi nos touristes convaincus font inscrire le nom du pic escaladé sur le bois de leurs *alpine-stocks.*) Je vous parlerai seulement de la bonzerie de femmes de Zenkoji et du temple dont ces zélées servantes de Bouddha ont exclusivement la desserte. Il y a, si je ne me trompe, dans tout le Japon, trois ou quatre chapitres de bonzesses; mais celui-ci est réservé aux demoiselles de haute lignée.

Leur monastère de Zenkoji, que j'ai visité, mais sans apercevoir une seule de ces respectables personnes, consiste, comme toutes les bonzeries possibles, dans une suite de couloirs, de chapelles, de sacristies et de chambres, dont les murs sont décorés de peintures plus ou moins précieuses. Dans ces habitations, comme dans toutes les autres, rien qui ressemble à un meuble. D'après cela, on se figure aisément qu'un monastère de femmes ne se distingue d'un monastère d'hommes par aucune différence appréciable. Et cependant, même dans ces murs sans draperie, l'indéfinissable manifestation de la présence féminine semble flotter discrètement. C'est une propreté plus minutieuse encore, une finesse plus soyeuse des nattes, un arrangement plus soigné des ustensiles du culte, un choix plus raffiné des kakémonos pendus à la muraille.

Enfin, spectacle dont je me souviendrai, j'ai assisté à l'office chanté et célébré par ces diaconesses païennes. Leur temple, encore plus que leur monastère, se distingue par quelque chose de délicat et d'élégant. Les moindres étoffes sont jetées avec goût, les nuances habilement assorties; les fleurs, plus nombreuses, sont disposées avec une sorte de soin amoureux. Quand je pénétrai dans le lieu saint par la porte intérieure, l'abbesse, en chape violette absolument semblable à celle des prêtres masculins, prononçait, tournée vers le public, l'invocation finale. Debout, les yeux fermés, son fin visage tout rayonnant de piété, ses mains au dessin pur, jointes devant ses lèvres comme celles de nos statues gothiques, ses jolis pieds nus dépassant l'austère vêtement de dessous, elle avait dans toute sa personne quelque chose d'hiératique et, malgré tout, une grâce exquise, sans rien de voulu. Sa voix, toute vibrante de foi, m'a rappelé certaine « voix d'or » dont se souviennent tous ceux qui l'ont entendue jadis. Prosternées, la face contre terre, ses compagnes psalmodiaient, en une sorte de faux-bourdon, les réponses aux litanies du culte bouddhique. L'office terminé, l'étrange cortège défila devant moi, les yeux baissés, avec un bruissement imperceptible des petits pieds nus sur les nattes. Je crois que l'abbesse était jolie, et qu'une de ses acolytes était d'une absolue beauté. Je dis « je crois », car ces pauvres filles ont, comme leurs frères en Bouddha, la tête complètement rasée, et je ne connais rien de triste et de touchant à la fois comme la vue de ces têtes de vingt ans découronnées volontairement, sans que la guimpe et le voile cachent aux yeux, comme chez nous, le sacrifice suprême de la coquetterie.

Profond et troublant mystère que cette religion de l'erreur imposant à ses servantes les mêmes renoncements, les mêmes austérités, *les mêmes vœux* que notre sainte Foi dicte à nos sœurs et à nos filles! Cependant, il m'a paru qu'il manquait à celles-ci — je ne parle pas de la distance infinie qui sépare les doctrines — ce qui fait le mérite, la joie et la souveraine consécration de la fiancée du Christ. Elles ont la foi, l'adoration, sans doute l'espérance. Je n'ai pas deviné en elles la sublime étincelle qui brûlait dans le cœur des Madeleine et des Thérèse : l'amour.

Mercredi 30 juillet (75).

Tout n'est pas plaisir dans les longs voyages ; ils ont leurs tristesses : ce sont les adieux qu'il faut dire. Je sais bien qu'on ne dit jamais *adieu*, mais *au revoir*.

Hélas! le globe terrestre, si petit pour le criminel fuyant la main de son bourreau, est terriblement vaste pour l'amitié...

Je viens de donner la poignée de main de la séparation (très momentanée, celle-là ; de bonnes raisons nous le font croire) à l'homme sans lequel je n'aurais pas *vu* le Japon, à mon excellent guide et ami Bedout. Ses devoirs de diplomate l'appellent à Tokio, et je dois être dans moins de huit jours à Kobé, à cent vingt lieues dans l'Ouest, pour prendre le paquebot de Marseille. Dans une petite gare nous avons *bifurqué*, sans phrases banales; c'est bon pour le boulevard. Aussi bien, je n'avais qu'un mot sur la langue et dans le cœur : *Merci!* Je trouve que je ne l'ai pas assez dit, et j'ai besoin de l'écrire... Comme le train de Bedout partait le premier, le brave Kadzu — toujours avec son bois de cerf — a penché la moitié du corps par la portière pour le dernier *sayonara*! Le retrouverai-je un jour comme secrétaire de la légation japonaise ? C'est possible. Des choses de ce genre sont arrivées au Japon.

Et maintenant me voilà tout seul dans l'empire des chrysanthèmes (qui ne fleuriront qu'en novembre, hélas !). La journée ne s'est pas finie sans que je sentisse cruellement l'absence de mon compagnon. J'avais achevé mon étape de douze heures de chemin de fer, en grande partie au sein de montagnes fort pittoresques. J'avais passé la belle plaine de Suyama, et contemplé tout à mon aise le cône majestueux et régulier du Fuji, dont la masse isolée jaillit du sol d'un seul jet, à moins d'une lieue de la voie ferrée. Sur les dix heures du soir, à Nagoya, j'avais pris une jinrikisha et prononcé ce simple mot : *hôtel* ! que mon homme avait paru comprendre. Je sais qu'il y a dans cette grande ville (cent cinquante mille habitants) un seul hôtel où l'on peut se faire comprendre en anglais.

— Soyez tranquille, avait-on ajouté. En voyant un Européen, votre *kuruma* saura ce qu'il doit faire et vous conduira audit hôtel.

En effet, l'homme n'hésite pas. Il s'élance ; nous traversons des quartiers encore grouillants de populace, des carrefours, des places, des rivières. L'équipage humain s'arrête devant une hôtellerie de bonne mine : en m'apercevant, tout le monde se prosterne. Cette politesse m'inquiète. Je sais, par expérience, qu'on ne salue point si bas dans les hôtels européens du Japon. Sans mettre pied à terre, je hasarde une phrase ; on se reprosterne, mais voilà tout. Le moindre *yes, sir*, ferait mieux mon affaire que toute cette idolâtrie adressée à ma personne.

La situation est grave. Ce n'est pas que la perspective de dormir sur des *tatami* me fasse peur : j'en ai vu bien d'autres ! Mais comment faire, demain matin, pour expliquer ce que je veux voir dans la ville, et pour me faire donner les permissions nécessaires ?...

On veut m'engager à descendre, mais la nature m'a doué de quelque entêtement. J'exprime par gestes qu'il y a un hôtel européen à Nagoya, que *je le sais*, *que je veux* qu'on m'y conduise, que je passerai plutôt toute la nuit dans ma jinrikisha que de loger là où il ne me convient pas de descendre.

Mon *kuruma* semble avoir compris. Il me regarde en clignant de l'œil, me sourit d'un air d'intelligence, et nous repartons à fond de train... Eh bien ! non, cet obligeant personnage n'avait pas compris ! Je l'ai bien vu quand nous sommes arrivés à cette seconde étape, mais j'étais de si mauvaise humeur que saint Antoine, un de mes patrons, n'a pas eu fort à faire pour me protéger contre des tentations moins redoutables, d'ailleurs, que celles qu'il a subies.

J'abrège le récit de mon odyssée. Grâce à un sergent de ville japonais, qui a deviné ma situation et donné un ordre à mon *kuruma*, nous avons fini par arriver, sur les onze heures du soir, devant un hôtel où tout dormait. Je n'osais me croire au bout de mes peines, mais le coursier, levant son falot, m'a fait lire ces mots misérablement écrits sur une pauvre planchette : *Hôtel du Progrès*.

Jamais inscription n'a été déchiffrée avec autant de joie par un explorateur. Aucune n'a été plus justifiée, s'il s'agit des progrès *à faire*. Mais jamais hôtel ne m'a paru meilleur. J'avais retrouvé le fil d'Ariane.

Jeudi 31 juillet (76).

Je vous épargne la description des temples de Nagoya, qui sont de premier ordre comme richesses artistiques et comme importance. Par extraordinaire, cette ville peut montrer autre chose que des temples. Elle a un château fort, remontant au XVIIe siècle, entouré de fortifications qui semblent avoir été construites par Vauban lui-même. C'est à se croire dans une de ces vieilles citadelles françaises que la pioche du génie actuel n'a pas encore démolies. Mais la tour centrale, en forme de pagode, avec ses cinq étages de toits recourbés en hameçon, rappelle au voyageur qu'il est dans le Japon classique. Cette tour, haute d'une centaine de pieds, d'où la vue est fort belle, est surmontée de deux dauphins *en or*, hauts de plus de deux mètres, valant ensemble plus d'un million. L'un d'eux, qui figura en 1873 à l'Exposition de Vienne, coula à fond, au retour, avec le navire qui le portait. Le sauvetage put avoir lieu, et le volumineux bibelot a repris sa place au faîte de la vieille tour. Avis aux touristes anglais qui aiment à décrocher des souvenirs intéressants dans les endroits où ils passent.

On m'avait dit que l'un des peintres fameux qui ont décoré les murs intérieurs du château de Nagoya fait figurer saint François-Xavier parmi ses personnages.

Vainement j'ai cherché l'image de l'apôtre, ou quelque chose qui pût lui ressembler, parmi les cortèges de daïmios et de bonzes. Ce que je sais, par exemple, c'est qu'il reste dans les montagnes, près de Nagasaki, des villages de chrétiens qui n'ont été visités par aucun prêtre depuis trois cents ans, et ont néanmoins conservé leur foi, leurs principales prières, et administrent le baptême à leurs enfants. Mais le nombre total des adeptes de la vraie foi ne dépasse pas quarante mille pour tout l'empire, après avoir été supérieur à un million. Aujourd'hui la liberté religieuse véritable existe au Japon, et je me fais un devoir d'en informer nos moines et nos religieuses que la R. F. oblige à chercher un asile.

Je suis allé voir le principal atelier d'émaux cloisonnés de Nagoya, dont cet art est spécialement l'apanage. Puis j'ai continué ma route vers Kyoto (275 000 habitants). Cette fois je suis arrivé sans encombre à l'excellent hôtel *Ya-ami*, situé sur une colline d'où l'on domine toute l'ancienne capitale. Depuis la révolution de 1868, qui a fait disparaître l'autorité *réelle* du Shogoun, juxtaposée à l'autorité *nominale* du Mikado, celui-ci, seul maître dans son empire, réside à Tokio, où je l'ai vu, comme je l'ai raconté en temps et lieu.

Vendredi 1er août (77).

La première chose que j'ai faite, une fois à Kyoto, a été d'aller trouver dans sa petite maison japonaise des bords de la rivière celui de tous nos compatriotes que le Japon connaît le mieux. Êtes-vous allé au rayon spécial du *Bon Marché* où se vendent les bronzes, les laques, les ivoires, les cloisonnés et jusqu'au bibelot de quelques centimes provenant du pays dont je suis l'hôte actuel? C'est M. Joannis Reynaud qui, depuis vingt ans passés, alimente ce bazar dont certains objets sont des curiosités artistiques. Vous jugez si celui-là est un bon guide au Japon!

Sur les nattes du rez-de-chaussée, des femmes travaillent à découdre la doublure de *kimonos* magnifiques déjà portés (et assez mal portés, je dois le dire; mais ceci ne charge pas la conscience des acheteuses). Dans quelques semaines, j'espère bien retrouver ces admirables étoffes à l'étalage de la rue du Bac ou de la rue de Sèvres, peut-être sur votre piano, madame.

M. Reynaud, l'homme le plus obligeant du monde, m'a piloté dans bien des boutiques où je me serais ruiné, s'il ne fallait garder dans ma poche de quoi rentrer au logis parisien — qui n'est pas tout près d'ici. Grâce à lui, j'ai visité la fabrique de porcelaine, dirigée depuis plusieurs siècles par la famille Kin-ko-zan. L'habileté des ouvriers des deux sexes — assez peu nombreux — qui y travaillent n'est pas moins remarquable que la simplicité de l'installation, restée ce qu'elle était au XVIe siècle. Mais, là comme ailleurs, les commandes affluant de l'étranger exercent sur le goût une action fâcheuse, pour ne pas dire mortelle. Bientôt le véritable caractère japonais aura disparu de la production moderne de ce pays privilégié.

Il va sans dire que les temples de Kyoto ne le cèdent point à ceux que j'ai admirés ailleurs ; mais je n'y reviendrai pas. L'ancien palais du Mikado (on ne le visite qu'avec une permission émanant du grand maître des résidences impériales) étonne l'œil d'un Européen par son absence complète de tout mobilier, conformément aux mœurs nationales. En dehors des murs, des plafonds, du sol garni de nattes, quelquefois de tapis, le seul objet qu'on y trouve est le trône du souverain, fauteuil assez maigre en laque noire, dissimulé dans une sorte de tente en soie blanche. Les peintures murales, presque toutes nouvelles, sont d'un intérêt médiocre. Il faut dire que l'auguste édifice a brûlé je ne sais combien de fois, et que le dernier incendie ne remonte qu'à 1854.

Le palais, sans étage, couvre un espace considérable. Il se compose d'une infinité de pavillons reliés entre eux par des galeries couvertes, le tout en bois plus ou moins précieux. La toiture, mélange de chaume et de terre glaise, achève de donner à l'impériale demeure un cachet d'étrange simplicité, que le moindre de nos gouverneurs de colonie trouverait fort indigne de lui. Et cependant les souverains qui ont habité là commandaient à quarante millions d'hommes !

Je ne ferai que nommer la grande ville d'Ozaka (450 000 habitants), très voisine de Kobé. Elle m'a causé une vive déception par l'air absolument européen que lui donnent ses usines et ses fabriques. J'y ai compté une trentaine de cheminées monumentales, mais fort peu japonaises. D'ailleurs cette partie du Japon me paraît beaucoup plus avancée que les autres dans l'évolution qui entraîne ce pays vers notre orbite.

VII

DE KOBÉ A SHANG-HAÏ

Le port de Kobé. — Revue de départ. — L'influence européenne au Japon. — Les femmes japonaises. — Le « Français de l'extrême Orient ». — La mer Intérieure.

Dimanche 3 août (79).

Je complète ces notes à l'*hôtel des Colonies* de Kobé, en attendant le bateau français qui, partant de Yokohama, relâche dans ce joli port, afin d'achever de prendre les voyageurs et les marchandises que le Japon dirige sur Marseille.

J'ai parlé, plus ou moins mal, de tout ce qu'on voit au Japon : de la terre, de la mer, des fleuves, des lacs, des temples, des montagnes. Mais je n'ai presque rien dit *du Japon* : le sujet n'était point si facile que j'eusse trop d'un mois pour l'étudier.

J'envie ceux qui visitèrent ce pays avant 1868. Dans ces vingt-deux ans, il a parcouru la même distance — politiquement et socialement — que la France depuis la mort de Mazarin. Au point de vue des mœurs et du costume, pour peu qu'on s'avance à l'intérieur, on retrouve l'ancien Japon, bien moins influencé par l'Europe que ne le suppose l'Europe elle-même. Cependant il faut se hâter d'aller le voir. Tout se tient dans cette civilisation longuement et savamment combinée, plus que dans aucune autre. C'est ainsi que, par le seul fait d'adopter le costume européen, le Japonais introduit forcément dans sa vie de nombreuses modifications d'une importance plus considérable. Avec nos vêtements étroits et serrés, il ne peut plus passer sa vie accroupi sur des nattes, qu'il s'agisse de lire, d'écrire, de travailler, de causer. Le voilà obligé à l'usage du fauteuil et de la chaise, qui rendent la table nécessaire. Du coup, notre mobilier s'impose ; mais ces meubles sont incompatibles avec la natte molle qu'il est impossible de charger d'aucun poids. Le plancher devient indispensable; mais le plancher commande le lit. Adieu les petites maisons que j'ai décrites, où le Japonais était à merveille, sans avoir jamais soupçonné l'existence du tapissier, de l'ébéniste, et de bien d'autres tyrans.

Au point de vue des usages, les conséquences ne sont pas moins grandes. Un homme en pantalon, une femme en corset, ne peuvent pas, dix fois dans une heure, se mettre à genoux et se prosterner, selon les règles de la vieille politesse japonaise. D'ailleurs, même ces saluts profonds et répétés, dont ils s'accablent dans la rue à vingt pas de distance, prennent je ne sais quoi de ridicule et de grotesque en dehors de la robe aisée et flottante, qui rend certains mouvements doux à l'œil et harmonieux. Et ce peuple artiste, excellent juge en ces matières, le comprend parfaitement. La femme japonaise du meilleur monde, habillée à la parisienne, s'essaye à saluer comme chez nous, et s'en tire assez mal, en dépit de sa grâce et de sa souplesse naturelles, qui sont merveilleuses.

Mais il y a quelque chose de plus grave au point de vue social. Vêtue comme une Française, elle entend que son mari la traite comme ferait un époux français. Hier, avec son kimons, elle entrait dans tel salon humblement effacée derrière son seigneur et maître. Aujourd'hui, avec sa belle robe du confectionneur allemand, elle passe fièrement la première, entraînant monsieur dans son sillage. Et monsieur, dit-on, commence à voir que cette question de jupes est plus grosse qu'elle n'en a l'air.

Allons plus loin. Demandons-nous ce qui adviendra de ces mêmes femmes, très sévèrement élevées, tenues à l'écart des relations masculines, sans la moindre idée de tout ce qui est intrigue et galanterie, même permise, demandons-nous ce qui adviendra d'elles quand elles commenceront, comme elles l'ont déjà fait, à courir les bals et les soirées, à causer à l'*européenne*, à livrer leur taille aux valseurs, elles qui arrivaient au mariage sans avoir embrassé même leur père. Je ne veux point me charger de faire la réponse. Je sais seulement que certains cours de *danse mondaine*, organisés à Tokio, n'ont pas continué, et pour cause, m'a-t-on dit. Aujourd'hui, la jeune Japonaise *dans le mouvement* se tourne avec fureur vers l'exercice du cheval. Tout cela est gros d'inconnu, et l'on prévoit que d'ici à quelque temps, les observateurs sérieux — et surtout les non sérieux — ne s'ennuieront pas au Japon.

Il n'y a qu'une voix pour vanter le charme et le pittoresque de la nature dans ce pays charmant, et, chose plus rare encore, le touriste n'y connaît pas la déception, même pour une seule minute. La renommée s'accorde moins sur une autre question également intéressante, je veux dire les agréments extérieurs des Japonaises. Le « vrai Parisien », très exclusif et jugeant d'après les échantillons *travestis* qu'il a pu avoir sous les yeux, condamne sans hésiter la Japonaise qu'il classe volontiers dans le même sous-genre de l'espèce féminine que la Chinoise. Au contraire, les marins et les voyageurs prennent des airs d'approbation gaillarde et font claquer la langue quand ils parlent de la *mousmé*. Ils racontent que la beauté court les rues dans l'empire du Mikado; ils laissent deviner qu'ils ont dû se faire violence pour s'éloigner d'un rivage peuplé de sirènes, aussi peu résistantes qu'irrésistibles.

Certes, j'ai rencontré beaucoup de Japonaises vraiment jolies; mais dans aucun pays, même chez nous, je n'ai trouvé en aussi grand nombre ces gentils minois qui sont la caresse du regard tant qu'on ne commet pas la sottise de les détailler, et dont nous donnons l'idée par un mot qu'aucune langue n'a su traduire : la beauté du diable. De treize à quinze ans, la Japonaise *laide* est presque une exception. A seize ans, l'âge où elles se marient, le type, chez un assez grand nombre, s'accuse de façon à heurter plus ou moins nos goûts. Naguère encore, quand la femme mariée rasait ses cils et plaquait ses dents de laque noire (opération qui supprime la carie et le dentiste), toute Japonaise en puissance d'époux devenait un objet d'horreur pour l'Européen. Aujourd'hui, ces pratiques barbares sont presque inconnues, sauf dans les provinces reculées; mais, comme il arrive à toutes les Orientales, après vingt-cinq ou trente ans, la femme passe brusquement à l'état de ruine.

Je n'ose pas croire que je suis le premier à formuler cette loi curieuse : c'est que, dans chaque pays du monde, la femme et la nature frappent exactement les mêmes notes sur cet instrument à trois claviers, cœur, sens, imagination, que tout être humain complet porte en lui. Dites si cela n'est pas vrai, vous qui avez vu la Musulmane voilée dans son caïque sur le Bosphore, l'Indienne sous les palmiers de Ceylan, l'Iroquoise dans la Prairie, la négresse parmi les sables embrasés que la mer Rouge baigne sans les rafraîchir. Nulle part, mieux qu'au Japon, la relation mystérieuse n'est observée. Ici la femme plaît et enchante sans troubler. Ce qui la rend séduisante — nullement « capiteuse », — c'est la grâce parfaite de ses proportions et de ses mouvements, avec une sorte d'intimité caressante qui ignore l'embarras et la gaucherie, sans rien qui sente l'attaque.

Dans la moindre auberge japonaise, bien des fois j'ai admiré en artiste mademoiselle *Bambou* ou mademoiselle *Petit Faucon*, qui m'apportait mon dîner ou desservait ma table, avec autant de dextérité et de délicatesse légère dans ses petites mains qu'une Parisienne offrant le thé à son *five o'clock*.

Et, très honnêtement dans la forme, sans arrière-pensée apparente, cette ingénue — de la ville ou du théâtre, je n'aurais pu le dire — s'essayait, tandis que je mangeais, à faire tenir mon monocle dans son orbite, avec quels éclats de rire! ou étudiait l'art héraldique sur le boîtier de ma montre. Ce qui ne l'empêchait pas, une heure après, de toucher la terre de son front quand je me remettais en route, lui laissant une pauvre pièce de monnaie dans la main.

Le Japon est à la mode chez nous. Chacun en parle; chacun en possède un petit morceau dans son appartement, pendu au mur ou soigneusement disposé sur une étagère. Les gens du monde le connaissent de deux façons : par leurs bibelots ou ceux de leurs amis, en y joignant les étalages des boutiques spéciales, et... par *Madame Chrysanthème*.

C'est quelque chose; mais que répondriez-vous à un Japonais qui prétendrait connaître la France, sous prétexte qu'il aurait chez lui quelques Fragonard, quelques meubles de Boule, quelques porcelaines de Sèvres — et qu'il aurait lu les *Mémoires de Rose Pompon*?

Nous ne nous piquons pas seulement de connaître le Japon : nous nous piquons de l'aimer ; nous l'encourageons ; nous lui disons des choses gracieuses ; celle-ci, par exemple :

« Vous autres, Japonais, vous êtes les Français de l'extrême Orient. »

Heureux peuple ! Nous entendons désigner par là qu'on s'amuse beaucoup chez lui, que ses femmes sont jolies, accueillantes, et témoignent d'un goût exquis dans leur toilette, qu'il est artiste, voire même photographe, qu'il copie volontiers nos chemins de fer, nos canons et nos chapeaux, qu'il est d'une politesse remarquable, et qu'il « fait la fête », quand il s'y met, avec un entrain et une perfection dignes du boulevard. Ainsi, en comparant les Japonais à nous-mêmes, c'est principalement nos petits côtés, pour ne pas dire nos mauvais côtés, que nous avons en vue. Et, de fait, le commerçant absorbé par ses affaires, le touriste affolé par les bibelots des marchands et les sourires des *guéchas*, le marin facilement satisfait du bon souper, du bon gîte et... du reste qu'on s'empresse de lui fournir à l'escale, tous négligent de chercher ce qu'il y a au fond de ces petits hommes et de ces petites femmes, qui leur semblent autant de curieuses poupées.

Moi-même, pendant la première partie d'un séjour trop vite passé, j'ai oublié comme les autres de me demander ce qui pouvait se cacher dans l'âme, dans la nature, dans les traditions, dans les mœurs de ce peuple. J'ai commencé par croire, moi aussi, que la Providence l'a placé dans ses grandes îles délicieusement drapées de verdure, comme nous plaçons des objets agréables à voir sur le tapis d'une étagère, pour le plaisir de ceux qui passent.

Mais bientôt j'ai compris qu'il y a autre chose. Tel regard fier et plein de flamme, tel geste noble et hardi qui m'avait charmé dans une peinture ou dans un bronze, je l'ai retrouvé dans la rue, au détour d'un sentier de la montagne, vivant, bien conservé après des siècles. Puis sont venus les conversations d'amis sérieux, les récits d'anciens résidents européens, les lectures, la réflexion, l'étude. Et j'ai retrouvé, je l'avoue, quelque chose de l'enthousiasme que nous faisait éprouver, — il y a longtemps ! — l'histoire du Japon lue au réfectoire devant des auditeurs, cependant blasés sur l'héroïsme par la fréquentation journalière des grands hommes d'Homère, de Virgile et de Plutarque. Et j'ai répété une fois de plus :

« Les Japonais sont les Français de l'extrême Orient ! »

Mais, à cette heure, j'attachais à mes paroles un sens plus flatteur pour eux. . et pour nous ; je songeais à leurs grands côtés et aux nôtres, car nous en avons eu, et nous en avons encore, quelque mal que nous nous donnions pour les cacher. Il n'est pas besoin, Dieu merci ! de remonter jusqu'à Bayard pour trouver chez nous des chevaliers sans reproche, jusqu'à Blanche de Castille pour découvrir une épouse dévouée et courageuse, jusqu'à Sully pour citer l'exemple d'un serviteur fidèle. De même, au Japon, si l'adoucissement, l'émoussement presque subits des mœurs ont ôté leur occasion d'être à certains traits dignes de l'histoire romaine et de notre fier moyen âge, de même, en remontant parfois à peu d'années, on tombe sur des actes de vertu, de courage, de stoïcisme (trop souvent mêlé de férocité) qui montrent dans cette race japonaise autre chose que la population agréablement dégénérée, artistement vicieuse, où nous prenons un étrange plaisir et un singulier orgueil à trouver un reflet de la nôtre.

Tout d'abord, c'est une race essentiellement guerrière. Écoutez cet adage qu'on dirait emprunté à nos vieux livres de chevalerie : « *Tout ce qui est guerrier est noble ; tout ce qui est noble est guerrier.* » Voilà-t-il pas une fière devise pour un peuple !

Et ces guerriers, du *Daïmio* le plus puissant au plus obscur *Samouraï*, poussent à un tel point le mépris de la mort et la délicatesse maladivement chatouilleuse du point d'honneur, que nos bretteurs les plus incorrigibles du XVIe siècle deviennent presque des gens tranquilles et d'humeur pacifique au regard de ceux-là !

De même leur *vendetta*, prescrite par l'idée religieuse, tandis qu'elle est punie de mort par la loi, laisse bien au-dessous d'elle nos *vendettas* corses, terminées par la fuite vers le maquis. Cette fuite, au Japon, serait un déshonneur. L'insulte ou le meurtre punis, le vengeur n'a plus qu'à s'ouvrir le ventre; mais il le savait dès le premier jour où il a entrepris sa tâche. Près de Tokio, dans un coin pittoresque et charmant des faubourgs de la grande ville, j'ai vu les tombes de quarante-sept pauvres hommes d'armes, qui se donnèrent la mort en cet endroit quand ils eurent déposé sur la tombe de leur maître la tête du haut et puissant seigneur qui avait causé sa perte.

Au reste, la chronique du Japon fourmille de ces drames de dévouement, de fidélité, de courage, trop souvent gâtés d'une teinte féroce, dénoués, neuf fois sur dix, par la fin tragique du héros. Ici, pour le guerrier, la mort violente est une chose ordinaire, presque naturelle. De tous les privilèges que lui donne cette noblesse du sabre dont il est si fier, le plus précieux est de ne jamais sentir sur son épaule la main du bourreau. Condamné au dernier supplice, il s'exécute lui-même; puis, au moment où il retire le couteau de ses entrailles fumantes, un ami, choisi entre tous pour son dévouement et son adresse, fait voler d'un seul coup du terrible sabre la tête du patient. Ainsi allèrent les choses jusqu'en 1868, l'année de ce qu'ils appellent « leur Révolution ». Mais chez eux la révolution eut pour effet de consolider le trône et de diminuer le nombre des têtes qui tombaient un peu trop facilement. Le Japon n'a jamais vu qu'une seule et même dynastie sur le trône depuis ses origines historiques, celle d'où procède le Mikado régnant aujourd'hui. Ce n'est pas, sans doute, à cette particularité glorieuse de leur histoire nationale que les Japonais doivent leur surnom de « Français de l'extrême Orient ».

Au fond, ce qui leur concilie nos bonnes grâces, c'est qu'ils sont artistes et légers. Artistes, la chose n'est pas à établir, mais je crois qu'ils apportent plus de conviction et de passion que nous dans leurs arts, même secondaires. Peut-être, madame, êtes-vous fière de votre service à thé en porcelaine d'Owari, signé de la marque fameuse des Tamikichi ? Savez-vous que le premier Tamikichi traversa un bras de mer et s'engagea comme simple ouvrier pour surprendre les secrets de la fabrication de Karatsu ?

Maître des procédés, il reprit le chemin d'Owari, laissant derrière lui, malheureusement, ses enfants et sa femme. Et ceux-ci *furent crucifiés* par les gens de Karatsu, furieux de voir le monopole de leur célèbre « blanc et bleu » sorti de leurs mains. Voilà, certes, une façon de comprendre l'*honneur d'artiste*, qui pèche par autre chose que la légèreté.

Le succès le plus flatteur, sinon le plus équitable, du talent de Loti, aura été de convaincre une masse de lecteurs que *Madame Chrysanthème*, ses sœurs, ses... collègues, ses cousins, ses amis, sont les unités typiques dont se compose la nation japonaise. Moi-même, sans m'en douter, j'y avais été plus ou moins pris, et je me souviens de ma stupéfaction lorsqu'on trouva un jour, tout près de chez moi, les cadavres d'une pauvre petite *mousmé* et de son bon ami, lesquels, séparés par un obstacle quelconque, s'étendirent un beau soir sur les rails au moment du passage d'un train.

— Quoi! m'écriai-je, ces gentilles poupées sont capables de se tuer par amour! Elles ont donc un cœur!

C'est à partir de ce moment que la grisette vénale, merveilleusement peinte par Loti, cessa de représenter pour moi l'ensemble de la population féminine du pays que je visitais. Oui, la femme japonaise a un cœur; elle est capable de tendresse, de fidélité, de dévouement, de passion. Elle est, chose plus difficile encore, capable de passer sa vie sans se plaindre, dans un effacement laborieux et austère, dans l'accomplissement des plus sérieux devoirs.

Il faut avouer d'ailleurs que l'éducation qu'on lui donne est peu faite pour lui mettre la frivolité dans l'esprit. Les traités qu'on voit dans ses mains, dès qu'elle sait lire, feraient pousser des cris de détresse à beaucoup de jeunes Françaises soi-disant sérieuses.

On lui répète à satiété, les exemples de chaque jour lui montrent, que « la vie d'une femme se compose de trois obéissances : obéissance à son père avant le mariage ; obéissance à son mari quand elle est mariée ; obéissance à son fils aîné quand elle est veuve. » Rarement on la consulte sur le choix d'un mari, et, quand le jour de ses noces est arrivé, c'est sous des vêtements de deuil qu'elle sort de la maison paternelle, dont la porte est ornée d'attributs funèbres, comme s'il s'agissait du convoi d'une jeune morte. On veut montrer par là que celle qui s'éloigne est morte, en effet, pour les siens ; qu'elle appartient tout entière à sa nouvelle famille et à ses nouveaux devoirs. Que de parents, chez nous, voudraient aussi draper de noir leur porte, le jour où l'enfant bien-aimée s'envole pour toujours !

On lui dit encore, surtout si elle appartient aux classes élevées, qu'elle doit s'occuper de sa maison et de ses domestiques, veiller au bien-être de son mari, éviter toute intimité et même tout rapport fréquent avec les amis qu'il peut amener à la maison, sortir le moins possible et, quand elle sort, aller vêtue de façon que personne ne la remarque. Certes, sur la plupart de ces points, je serais fort embarrassé de dire jusqu'où elle pousse l'obéissance; mais à en juger par le chapitre de la toilette, les maris japonais sont des êtres particulièrement heureux. En aucun autre pays du monde, il n'est aussi vrai de dire qu'on peut estimer la situation plus ou moins élevée d'une femme par la simplicité de son costume. Les *kimonos* voyants et bariolés qui font la joie des élégantes Parisiennes, sortent, je l'ai dit, de toute autre part que des cabinets d'atours des grandes dames d'ici.

Enfin, je veux mettre de mon côté ceux qui jugent de la grandeur d'une nation par le nombre des écoles où les marmots apprennent à lire, quitte à ne lire que des sottises quand ils sont docteurs ès science alphabétique. Ces pédagogues convaincus n'auraient sans doute pas songé comme moi à plaindre les longues troupes de garçons et de fillettes que je rencontrais par les chemins, gagnant la maison du magister où déjà s'alignaient, sous l'auvent de paille, les mignonnes paires de *guétas* et les parasols de bambou. Les malheureux! Aller cuire dans une atmosphère étouffée et tendre leurs doigts à la férule, au lieu de courir après ces papillons aux ailes de velours noir, qui se hâtaient de boire les dernières gouttes de rosée, à l'ombre des érables rougissants! Quarante millions d'habitants pour tout l'empire; vingt-six-mille écoles; trois millions d'écoliers; tout cela pour moins de quarante millions de francs par an : voilà ce que j'ai trouvé à la statistique du *Ministère de l'éducation*, une jolie formule paternelle que je préfère à l'enseigne pédante de chez nous : *Instruction publique !*

Mais il y a quelque chose de plus beau et de plus glorieux — de plus enviable aussi, pour l'heureux Japon : c'est que jamais, depuis qu'il tient une place dans l'histoire, il n'a connu la honte, l'angoisse, l'amère douleur de l'invasion.

Nations de l'Europe, souvenez-vous, soyez jalouses et saluez!

Une des qualités nationales qui rendent un voyage au Japon fort agréable, c'est l'universelle et absolue politesse des gens du pays. Cette politesse n'est pas, comme chez nous, le privilège des classes supérieures. Que de fois j'ai admiré mon *kuruma*, lorsque, ignorant sa route, il devait la demander à un pauvre diable comme lui! Le chapeau à la main, les saluts, les courbettes, les « monsieur » gros comme le bras, rien n'y manquait. La petite servante qui va, sur la porte, acheter un poisson au marchand qui passe, est traitée par lui vingt fois plus poliment que vous ne le seriez, madame, s'il vous prenait fantaisie d'aller choisir votre sole vous-même dans la charrette du revendeur. Un jour, dans je ne sais plus quelle ville, je regardais de ma fenêtre une station de jinrikishas attendant la pratique. La femme de l'un des *traîneurs* vint apporter le dîner de son mari. Tous se levèrent comme un seul homme et saluèrent la nouvelle venue, aussi respectueusement que nous faisons, nous autres, quand une nouvelle visiteuse entre dans un salon où nous sommes avant elle.

Ceux qui me liront vont me croire persuadé que les Japonais n'ont pas de défauts. Tout au contraire; je sais qu'ils en ont, entre autres, celui d'être des maris un peu... coureurs. Il est vrai que la loi et les mœurs locales leur donnent le droit de « courir », et ils en usent largement, sans penser faire mal et sans que leurs femmes songent à leur en vouloir. De plus, ils divorcent pour oui et pour non, et n'ont besoin pour cela que d'aller dire au magistrat : « J'ai assez de ma femme. » Celle ci n'a pas le même droit, ce qui est un peu bien sévère; mais nous sommes en Orient, loin du courant chrétien, courant en dehors duquel la femme a toujours été une esclave ou un objet de luxe.

Non, je n'ignore pas qu'il a ses défauts, ce *gentil* peuple que je quitte pour longtemps. Mais ces défauts ne paraissent qu'en second lieu ; ce sont d'abord les qualités qui éclatent, sourient et séduisent.

Durant un mois que j'ai passé au Japon, je n'ai pas assisté à une dispute; je n'ai vu personne maltraiter un animal; je n'ai pas entendu un juron; je n'ai pas aperçu un mendiant; j'ai rencontré *un seul* ivrogne (il est vrai que celui-là était soûl comme trente-six mille hommes).

Connaissez-vous beaucoup de pays d'où l'on pourrait partir — je ne dis pas au bout d'un mois, mais au bout d'une heure — en signant une semblable déclaration ?

Mercredi 6 août (82).

Je me suis levé avant le jour pour assister, de la passerelle, à la sortie du détroit de Simo-no-Seki, la plus pittoresque, et la dernière, hélas! des merveilles si justement vantées de la mer Intérieure du Japon. Hier matin, à dix heures, nous avons quitté Kobé, et maintenant nous avons le cap sur la côte chinoise, qui est notre prochaine escale. Mais c'en est fini des longs séjours pendant le reste de mon voyage. Il faut rentrer, et, d'ailleurs, je vais bientôt me retrouver dans des contrées qui ne sont pas nouvelles pour moi.

Encore un regard vers les hauteurs, maintenant dorées par le soleil, prêtes à disparaître dans la mer bleue, très calme, toute moirée par les rudes courants qui descendent du pôle.

Joli Japon, adieu !

VIII

DE SHANG-HAÏ A SAÏGON

La « concession » de Shang-haï. — La ville chinoise. — Les morts qui attendent. — L'établissement des jésuites de Zi-Ka-oué. — Le « persil » de *Bubling Well*. — La ville et le port de Hong-Kong.

Vendredi 8 août (84).

Pour rendre complète la nomenclature des pays traversés, touchés, ou simplement aperçus dans ce voyage, il convient de mentionner ici l'île coréenne de Quelpaert, que nous avons rangée d'assez près avant-hier dans la soirée. Très fermée aux Européens, très peu connue, très peu faite, à ce qu'il paraît, pour attirer le voyageur, la Corée, plus qu'aucune autre terre, a été rougie du sang des apôtres chrétiens. Un des derniers martyrs qu'elle a expédiés en paradis était d'une famille alliée à la mienne. J'ai envoyé à ce jeune saint, en passant, un souvenir — et une prière. Il fait bon avoir des amis partout.

Ce matin, j'ai mis le pied dans le Céleste Empire, en débarquant à Shang-haï, ville située à quelques heures de la côte, sur le Woo-Sung, affluent du Yang-tse-Kiang, lequel mesure trente ou quarante kilomètres à son embouchure. Les ruisseaux que nous décorons, en Europe, du nom de fleuve, feraient triste figure ici.

La côte, affreusement plate, d'une verdure marécageuse, à peine rehaussée de quelques arbres, se découvre seulement à huit ou dix milles de distance, et c'est encore trop tôt, vu l'impression désolante qu'elle produit sur des yeux où reste empreint le pittoresque de la nature japonaise. La rencontre de quelques jonques de guerre chinoises, amusants épouvantails de bois aux formes surannées mais presque élégantes, très élevées sur l'eau, toutes *froufroutantes* de pavillons et d'oriflammes portant le nom du capitaine en lettres énormes, nous réconcilie un peu avec ce pays où nous allons aborder sans avoir l'intention ni le temps d'y faire un séjour sérieux. La Chine forme un plat trop lourd et trop gros pour venir au dessert.

Shang-haï est une ville *à concession*, comme Yokohama, Kobé et d'autres encore. C'est-à-dire qu'on a désigné aux Européens un coin de terre que les diverses nations occidentales se sont partagé. Comme partout, la ville anglaise est à cent pieds au-dessus des autres. On y trouve d'aussi belles boutiques qu'à Londres. Certains négociants en thés et en soieries, quelques banquiers, ont des fortunes énormes et des habitations luxueuses, dont chaque véranda pourrait abriter un de nos « petits hôtels » de la rue de Prony. Les distractions consistent à se promener à cheval ou en voiture sur la route admirablement entretenue de *Bubling Well*, à dîner en yacht, sur l'eau, et à boire force « champaign » versé par les blanches mains des Américaines, à une livre sterling la bouteille. En été, où la chaleur est épouvantable, les gens qui peuvent s'en aller se sauvent au Japon; les autres transpirent. Ces jours-ci, le choléra se livre à quelques facéties de mauvais goût sur les Européens, ordinairement négligés au bénéfice des Chinois.

La concession française se recommande à l'admiration du voyageur par un énorme consulat... qui tombe en ruine. On en a loué un autre, et le prix du bail représente exactement l'annuité que demandait un entrepreneur pour rebâtir celui qui tombe. Cette combinaison, d'une impénétrable habileté, fait la stupéfaction des étrangers et la joie de nos consuls, qui y gagnent d'être logés à la campagne, dans une charmante villa. Et cependant j'ai rencontré au Japon une élégante *consulesse* et sa fille — *matre pulchrà filia pulchrior* — qui demandaient à tous les échos une maison de campagne pour leur été. L'ont-elles trouvée!.

Ce n'est pas précisément une partie de plaisir que d'aller visiter la ville chinoise par quarante degrés de chaleur. On n'a pas plutôt franchi le mur d'enceinte qui la sépare de l'établissement européen, qu'on admire la discrétion du choléra. Ces rues de cinq pieds de large, transformées en cloaques nauséabonds par un *arrosage* qui ferait évanouir nos égoutiers les plus intrépides, grouillent d'une population dont l'abondance étonne, tant il semblerait naturel que ces malheureux fussent moissonnés par tous les fléaux épidémiques connus. Dans cette atmosphère, sous ce ciel de feu, d'effrayants étalages de fruits, généralement à demi mûrs, donnent la colique seulement à les voir. Mais quand on passe devant les boutiques de comestibles où se débitent les « plats de cuisine », comme disent les Marseillais, on comprend les raffinés qui s'en tiennent au concombre, à l'orange verte et à la pastèque. Tout, plutôt que cette friture dont l'analyse étonnerait nos gargotiers les plus endurcis dans le crime !

Où est donc la boutique japonaise, toute petite, mais si engageante et si propre, avec ses nattes moelleuses dans lesquelles le pied nu enfonce voluptueusement, comme dans un tapis de Smyrne ! Où est donc le salut accueillant du marchand et de sa famille, le *Irassha-i* cordial, dit avec un bon sourire, le brasero pour la cigarette, la tasse de thé, apportés aussitôt, comme si vous étiez attendu ! La boutique chinoise est aussi grande que les nôtres, mais le plancher n'est rien de plus, habituellement, que la terre battue, imprégnée d'une humidité douteuse. Vous avez le choix de rester debout ou de prendre vous-même et d'approcher du comptoir un tabouret élevé, rembourré... d'une planche ou d'une plaque de marbre. Derrière ce comptoir est alignée une file de commis ou plutôt d'apprentis commis, car les jeunes gens viennent de cent lieues à la ronde, à Shang-haï, pour apprendre le commerce. De ces messieurs vous n'apercevez que le torse nu. Dans toute la Chine méridionale, on se met à son aise, où qu'on se trouve, dès que le thermomètre monte.

Quand l'interprète qui vous accompagne a indiqué l'objet dont vous avez besoin, deux ou trois torses daignent se déranger avec une grâce languissante. On vous fait un prix : vous offrez le tiers; votre interprète, complice du marchand, se récrie: on vous refuse: vous gagnez la porte: généralement on vous rappelle, et, quand vous avez payé, tous les torses font sonner vos piastres pendant un quart d'heure, avec un soin qui montre que toute monnaie est réputée fausse dans cet estimable pays.

D'autres torses, variant de la pelote de graisse au squelette, se terminant par de larges pantalons en lustrine noire, encombrent la rue; des femmes en blouse noire, les oreilles chargées d'anneaux massifs de jade vert, portant un marmot tout nu à cheval sur la hanche, circulent en balançant leur bras comme un pendule d'horloge. Deux choses, en elles, étonnent le voyageur étranger : d'abord, il y en a de presque jolies; ensuite, neuf sur dix ont des pieds ordinaires. La mutilation du pied, outre qu'elle est proscrite en certaines provinces, n'est guère pratiquée que pour les femmes destinées à rester oisives, de par leurs rentes ou de par... l'absence de préjugés dans leur conduite. Au milieu du torrent des piétons circule un seul véhicule : la jinrikisha, laquelle, inventée au Japon, il n'y a pas vingt-cinq ans, s'est déjà répandue dans toute la Chine, règne à Hong-Kong, au Tonkin, à Singapore, et commence à se faire voir à Colombo. Mais le Chinois opulent et considérable s'en tient encore au palanquin, sorte de cage pareille à un garde-manger, que deux hommes portent suspendue à une longue perche. Tout cela crie, sue, nasille, se mouche dans ses doigts et s'évente à grands coups d'éventails qui ressemblent à des pelles. Rien qu'à voir la différence entre le maniement de l'éventail au Japon et en Chine, vous comprenez l'abîme qui divise ces deux pays, séparés, sur la surface du globe, par un étroit bras de mer d'à peine deux cents lieues. Toutefois, il est juste de reconnaître que les porcelaines, les ivoires sculptés, les bronzes, les soieries brodées que l'on trouve à Shanghaï ne le cèdent en rien aux produits similaires du Japon, comme finesse et patience dans le travail. Mais quelle différence dans le goût artistique!

Le soir, je suis retourné dans la ville chinoise, malgré les avis pessimistes des trembleurs qui disent qu'elle n'est pas sûre après la nuit tombée. Je voulais voir un théâtre, mais je n'ai réussi qu'à échouer dans une sorte de café-concert, où un orchestre affolant menait un bruit épouvantable, tandis que des guerriers armés jusqu'aux dents, et même plus haut, si l'on tient compte des masques hideux qu'ils portaient sur la figure, combattaient avec acharnement en faisant des sauts périlleux les uns par-dessus la tête des autres. Si c'est la tactique chinoise, on doit prendre des clowns pour instructeurs dans l'armée. Au bout de cinq minutes, je fondais en eau, sous le regard compatissant de quelques centaines de torses, qui semblaient se demander pourquoi je refusais de déposer au vestiaire la partie supérieure de mon costume, à l'exemple de mes voisins.

Sur ces entrefaites, un torse, qui remplissait évidemment les fonctions d'ouvreuse, s'approcha de moi, portant sur un plateau un petit tas blanc, humide, qui fumait. C'était une serviette trempée dans l'eau bouillante, dont je finis par comprendre qu'il fallait m'essuyer le cou et la figure. Cette opération m'échauda d'abord et me fit faire la grimace, à la grande joie des torses de l'orchestre; mais, la serviette retirée, j'éprouvai une fraîcheur délicieuse. Il faudra que je communique cette recette à quelques amies qui donnent des soirées de quatre cents personnes dans des entresols grands comme ma cabine du *Djemmah*.

Couché à l'hôtel pour avoir plus de fraîcheur... Dieu vous préserve de savoir jamais ce que c'est que « la fraîcheur » des nuits de Shang-haï, au mois d'août!

Samedi 9 août (85).

Il n'y a qu'une promenade à faire aux environs : celle de Zi-ka-oué, à dix kilomètres de la ville. J'ai visité là l'Observatoire dirigé par les jésuites, qui ont transporté en ce lieu l'établissement du même genre fondé par eux à Pékin, sous le règne de Louis XIV. Ils montrent encore un magnifique astrolabe, don du Grand Roi.

La route de Shang-haï à Zi-ka-oué est plate, peu ombragée, tracée en zigzag à travers des cultures de pommes de terre et de topinambours qui n'ont rien d'attrayant. Mais cette absence de pittoresque est rachetée par le nombre infini des cercueils qui émaillent la campagne, les uns abrités sous une toiture légère, les autres exposés tels quels à la vue des passants, dont les yeux et l'odorat sont également réjouis par ce voisinage funèbre.

Ces cercueils ne sont là que pour attendre une sépulture moins aérienne, car, d'après les usages du pays, tous les membres d'une famille qui ont eu le mauvais goût de partir de ce monde avant leur père ou grand-père, doivent patienter tant bien que mal jusqu'au trépas de ce personnage respectable, ce qui entraîne parfois des délais prolongés. En même temps que le chef de la famille, on enterre solennellement tous ces descendants mis en consigne. Il en résulte, à l'occasion, des fournées de vingt ou trente cercueils, qui évacuent à la fois les navets ou les haricots paternels. Dans ces conditions, on comprendra facilement que les trois ou quatre premiers kilomètres d'une promenade dans la campagne chinoise, aux abords d'une grande ville, soient consacrés à des réflexions sérieuses. Tout en m'absorbant dans mon mouchoir, je pensais à ces autres cercueils que j'avais vus — et sentis — juchés dans les branches des arbres, par les Indiens des montagnes Rocheuses. Rien ne se ressemble, ici-bas, autant qu'un cadavre d'homme à un autre cadavre...

Le R. P. Chevalier, directeur de l'Observatoire, est un aimable savant qui montre, comme de simples joujoux, des instruments de la complication la plus effroyable. Il correspond par le télégraphe avec le monde entier, pour l'intérêt de la science. Lui et ses frères en Saint-Ignace des Missions chinoises portent à peu près le costume des prêtres du Céleste Empire : la longue robe blanche sans taille, boutonnée sur le côté par de petits globules de cuivre, les chaussures à épaisses semelles de feutre, le chapeau blanc en forme de champignon. Ils se rasent complètement la tête, sauf les moustaches, la barbe du menton et la chevelure de l'occiput, nattée en une longue queue tombante où le postiche tient naturellement une place considérable. Un certain nombre de missionnaires des districts voisins étaient réunis à Zi-ka-oué pour les vacances, sur le point de finir. Chaque année, quand revient l'époque de cette réunion, quelques travailleurs manquent à l'appel. On ne fait pas de vieux os dans ce métier, le plus dur de tous. Mais ces vaillants parlent de la mort de leurs frères moins avec chagrin qu'avec une sorte d'envie discrète. Quand l'un d'eux est tombé sur cette terre homicide, on envoie en France un télégramme ne contenant qu'un mot : le nom du défunt. Les compagnons restés dans la patrie savent qu'un des leurs est au ciel, et font partir son remplaçant.

A côté de l'Observatoire se trouve un curieux établissement, où de jeunes orphelins chinois catholiques, au nombre d'une centaine, apprennent une foule de métiers, tout en fabriquant le matériel nécessaire aux Missions. Là se trouvent des ateliers d'ébénistes, de peintres, de sculpteurs, d'imprimeurs, dirigés par des frères coadjuteurs de la Compagnie. Et, sur toute cette pieuse colonie, à côté de la croix, le souvenir et la pensée de la France flottent si présents et si forts que j'ai oublié, pendant ces deux heures, qu'il y a, entre ce lieu d'exil et le *home* qui m'attend, l'épaisseur du globe terrestre.

Je suis revenu à Shang-haï par la jolie route de Bubbling-Well, à l'heure du *persil*. Beaucoup de voitures, dont plusieurs bien attelées. Beautés plus ou moins *régulières*. Les modes anglaises triomphent sur toute la ligne.

Mais le côté intéressant du défilé consistait dans la présence d'un nombre imposant de chanteuses (?) chinoises, graves comme des duchesses dans leurs victorias, tout en lâchant un feu nourri d'œillades sur les passants. J'ai peu de confiance dans leur talent musical, mais j'affirme que plusieurs étaient absolument jolies, avec leur teint mat, leurs beaux cheveux noirs piqués de tubéreuses et de roses, et leurs pieds de bébés en nourrice, chaussés de satin aux broderies éclatantes.

Mardi 12 août (88).

Hong-Kong est une île admirablement située au point de vue commercial et stratégique, à portée de la Chine, de la Corée, du Japon, de Manille, de Bornéo — et surtout du Tonkin, dont elle attirera fatalement tous les produits, si jamais ces produits existent. Pour peu qu'on ait couru quelques mers du globe, on a déjà deviné qu'un point aussi avantageusement situé ne peut manquer d'être dans les mains des Anglais. Aussi n'ont-ils pas manqué de s'établir très confortablement dans cet îlot, assez rapproché de la terre ferme pour former un des ports les plus sûrs, et probablement le plus fréquenté de l'extrême Orient. Les lignes de paquebots américaines y donnent la main aux Compagnies anglaises, françaises, allemandes, de l'autre versant du globe. C'est un mouvement incessant de navires, créant sur ce point privilégié un comptoir gigantesque où aboutissent, se classent et s'échangent les marchandises du monde entier. Il passe, dans une année, un nombre fabuleux de millions par les guichets des banques de cette ville, où l'intelligence, la volonté, l'action et la parole se concentrent vers un seul but : les affaires. En aucun lieu du monde elles ne se traitent plus rapidement. On conclut les plus gros marchés, debout, en quelques phrases, devant la porte des « offices », où l'on ne prend même pas le temps de pénétrer et de s'asseoir. Ce seraient deux minutes perdues. En aucun lieu du monde je n'ai trouvé une ville aussi *américaine*. Je répète — car la chose est intéressante — que le Tonkin, séparé seulement par deux jours de mer, sera tôt ou tard, financièrement, sinon politiquement, aux mains des millionnaires anglais d'Hong-Kong, qui en auront accaparé les bonnes affaires avant que les capitalistes parisiens aient essuyé leurs lunettes pour les étudier.

Le touriste n'a que peu de chose à voir ici, à moins qu'il ne prenne le temps d'aller cuire à Canton et Makao, où des bateaux quotidiens conduisent en peu d'heures. Le quartier chinois de Hong-Kong n'offre pas d'intérêt après Shang-haï. La seule promenade est celle du Pic, doublement agréable à cause de la fraîcheur et de l'admirable point de vue qu'on trouve au sommet de cette éminence, élevée de cinq cents mètres au-dessus de la ville, qui est une fournaise. On atteint le Pic en un quart d'heure au moyen d'un chemin de fer qui offre une certaine analogie avec celui du Righi. Parvenu au sommet, on éprouve une agréable surprise en se voyant environné de nombreuses villas, tenues avec un grand luxe, et qui permettent aux *richards* du lieu de braver le climat d'une résidence où l'hiver lui-même passe à peu près inaperçu. Un hôtel bien installé permet au commun des mortels d'aller respirer un peu d'air, les jours où le thermomètre marque *Asphyxie* dans les quartiers bas de la ville.

Après avoir admiré la vue de la rade où les mouches à vapeur grouillaient comme les araignées d'eau sur la surface d'un étang, je me suis retourné pour embrasser du regard la pleine mer qui baigne l'autre côté de l'île, longue de douze ou quinze kilomètres, large de deux ou trois à peine. Puis je suis redescendu sur le quai, où j'ai pris un « sampan » pour me ramener à bord. Cette disgracieuse embarcation, sorte de hutte en paille installée sur un canot, sert à la fois de gagne-pain et d'habitation à toute une famille dont les diverses générations y naissent, s'y développent, s'y nourrissent et y meurent sans mettre, sauf de rares occasions, le pied sur la rive. Dans le mien, l'homme et une vieille mégère, qui devait être sa belle-mère, ramaient à l'avant. La femme manœuvrait à l'arrière, avec un marmot de quelques semaines à cheval sur les reins. D'autres rejetons d'un âge fort tendre s'ébattaient un peu partout, sans autre protection que celle d'une grosse gourde attachée au postérieur de chacun, pour le faire flotter en cas de chute, — un cas qui doit se présenter vingt fois par jour, pour peu que la mer soit agitée. Et moi, blotti sous la paillotte, je n'avais pour faire la conversation qu'un poulet en bas âge, évidemment de nature liante, qui semblait vouloir me distraire par les pépiements qu'il m'adressait, tout en tournant la tête et en clignant l'œil avec des mines de vieux loup de mer.

Et maintenant, je vais retrouver des lieux connus, car notre prochaine étape est Saïgon où, déjà, mon humeur voyageuse m'a conduit. Mais qu'importe ! Si la terre n'a rien de nouveau à m'offrir, il me reste l'amie éternellement inconnue, éternellement nouvelle : la Mer, dont les flots sont verdâtres aujourd'hui, ainsi que du jade liquide.

IX

DE SAÏGON A CEYLAN

La ville de Saïgon. — Le monde saïgonnais. — Encore un royal exilé. — Le Cambodge. — La ville de Phnom-Penh. — *Protecteur* et *protégé*. — Une soirée à la Cour. — Singapore. — La mort sur mer.

Dimanche 17 août (93).

Saïgon est un vaste dépôt d'édifices publics, au milieu desquels se sont glissées de rares maisons particulières, abritant quelques douzaines de simples citoyens, chargés de nourrir, d'abreuver, d'habiller, de coiffer et de distraire les habitants de ces palais, autrement dit les fonctionnaires. Car, de même qu'on s'exile, dans d'autres colonies, pour planter le coton, le poivre ou la canne à sucre, de même on vient en Cochinchine pour cultiver le budget. On cultive même avec tant d'ardeur ce sol généreux, qu'il commence, paraît-il, à donner des signes d'épuisement et à réclamer la fumure de l'emprunt.

Les fondateurs de la ville, qui n'existait pas il y a vingt-cinq ans, ont eu l'idée malheureuse, de la placer à quatre-vingts kilomètres de la mer. Mais le fleuve qui la baigne, large et profond, porte les plus grands navires à marée haute. Saïgon, depuis ma dernière visite, est devenue ou plutôt achève de devenir une charmante ville. Ses larges rues, ses immenses boulevards, également plantés d'arbres, ses édifices presque à jour, séparés les uns des autres par des jardins où la verdure éternelle du tropique se déploie, la forme bizarre des voitures qui semblent défoncées par un coup de vent, le visage, le costume, la couleur des passants, tout lui donne au plus haut degré la physionomie spéciale des cités de l'extrême Orient. Mais, ni Singapore, ni Colombo, ni Shang-haï, ni Yokohama, ne sont aussi prodigues d'air et d'espace. Une chose, toutefois, lui donne je ne sais quelle apparence négligée, déserte et campagnarde : sur la plupart des trottoirs on marche dans l'herbe jusqu'au genou. C'est que la Cochinchine a pour caractère distinct l'humidité, mère des végétations désordonnées. Cette végétation, malheureusement, ne s'arrête pas au trottoir. Elle pénètre dans la maison, et, dans l'espace d'une nuit, fait de vos bottines une couche à champignons, de vos gants un champ d'expériences pour la moisissure.

Le pays, sauf de rares collines boisées, n'est qu'une plaine sillonnée de cours d'eau, à peine élevée de quelques pieds au-dessus du niveau de la mer. Le touriste peut s'en plaindre, mais l'indigène s'en réjouit et barbote voluptueusement dans les flaques d'eau de ses rizières. Hélas ! où sont les rizières du Japon, semblables à des tapis de verdure dont la trame serait un miroir de cristal! Celles-ci ressemblent à des marais grisâtres où les buffles hideux, presque noirs, enfoncent jusqu'au ventre. Mais qu'importe, après tout? La récolte, presque toujours, est abondante, et l'Annamite n'a rien de commun avec le Japonais, dont les yeux ne sauraient se passer de pittoresque, non plus que son estomac de nourriture.

Ils sont bien laids, ces pauvres Annamites! Vous les avez vus à l'Exposition de 1889, avec leurs pantalons de débardeurs, leurs longues chemises aux manches étriquées, leurs chignons ridicules. Et si peu de sentiment artistique dans le costume, tellement pareil pour les deux sexes que l'étranger, pendant huit jours, circule au milieu de points d'interrogation vivants! Le Chinois abonde en Cochinchine, et s'y sent presque chez lui, toléré sans amour et sans haine par la population autochtone. De fait, les deux races ne se font guère concurrence. Le Chinois achète le riz et l'exporte; il tient des boutiques d'objets européens ou de curiosités nationales; il exerce certains métiers, notamment ceux de tailleur et de blanchisseur, qui restent son monopole. Enfin, quelques centaines d'Indiens, de la côte de Malabar, toujours pittoresquement drapés dans leurs cotonnades éclatantes, jettent leur note chaude et harmonieuse au milieu de ce concert pauvre en attractions.

Quant aux Français, on les voit peu dans la journée. Dès huit heures, ils ouvrent leur cabinet, leur bureau, leur caisse ou leur tribunal. De midi à deux heures, ils font la sieste. Puis, vers le soir, ils vont se promener en voiture, pauvres ou riches, car cette course au trot d'une heure et demie, pendant laquelle on respire, est ici une nécessité de l'existence.

Lors de mon dernier voyage, le « persil » saïgonnais, presque entièrement masculin, péchait par une monotonie désespérante. Aujourd'hui, les Européennes abondent;

les femmes gracieuses et bien mises ne se comptent plus ; les jolies sont à peine rares. On y donne — j'en sais quelque chose — d'excellents dîners, suivis de réunions fort gaies. Les jeunes filles sont en nombre, un peu *fast*, toujours prêtes à danser par trente-six degrés de chaleur, coquettes en proportion de la température. J'ai laissé mon cœur à une Mignon blonde qui regrettait fort peu sa patrie. Mais j'ai peur de l'avoir laissé aussi, incapable de décider mon choix, à une sainte Thérèse brune dont les yeux versaient la flamme — céleste ou terrestre, je n'ai pas eu le temps de vérifier.

Toutefois, ma grande passion a été une princesse, une vraie, que j'aurais enlevée, bien certainement, si je n'avais eu peur de me mettre l'Angleterre sur les bras. Car le père de cette ravissante créature n'est autre que le roi légitime de Birmanie, dont les Anglais « protègent » les États. Ils les protègent même si bien, que le prince Myngoon-

Min a dû s'enfermer dans une caisse pour échapper à l'hospitalité de ses « protecteurs » qui voulaient à toute force le garder chez eux, à Chumar. Il file, dans une maisonnette de Saïgon, des jours qui ne sont pas tissés de soie, d'or encore moins.

Ne pouvant rendre le trône de ses pères à la belle princesse Taïtenma, j'ai du moins obtenu de son auguste et malheureux père l'autorisation de lui envoyer des bonbons, d'autant plus que j'estime qu'elle n'en mange pas beaucoup dans l'état actuel des affaires de la dynastie. L'Altesse Birmane a paru tout à fait séduite par ma galanterie (je m'empresse de dire qu'elle a cinq ans), et j'ai baisé tant que j'ai voulu sa menotte qu'on aurait dit appartenir à une statuette de bronze et d'or. Je n'ai jamais vu d'enfant plus adorable. Quant à son père, il m'a inspiré la plus respectueuse sympathie par son énergique détermination, jointe à une rare patience dans la mauvaise fortune. L'Angleterre l'empêchait jadis de partir de Chumar, la France le... conjure en ce moment de ne pas quitter Saïgon pour rejoindre ses fidèles du Laos.

Je ne comprends pas très bien quel intérêt nous pouvons avoir à la consolidation de la puissance britannique en Birmanie, qui est trop près du Cambodge, de même que le port de Hong-Kong est trop près du Tonkin. Mais ceci n'est point à la portée d'un pauvre touriste.

Jeudi 21 août (97).

Une occasion, saisie avec empressement, s'est présentée pour moi de revoir le Cambodge, et me voici à Phnom-Penh, sa capitale. Pour y aller de Saïgon, le voyageur s'embarque sur les jolis paquebots des *Messageries fluviales*. Quatre ou cinq heures pour descendre le fleuve, la moitié autant, sur mer, pour aller chercher l'embouchure du Mékong, un peu plus de vingt heures pour remonter ce cours d'eau encore très sortable, même quand on a vu le Saint-Laurent, le Mississipi et le Yang-tse-Kiang, et l'on est arrivé. Ce qui manque au Mékong, du moins sur les trois cents derniers kilomètres de son parcours, ce sont des rives. Il coule à pleins bords entre deux plaines qui bordent des villages disséminés dans la « brousse », forêt basse et mal peignée, plantée dans l'eau, parfois visitée par les tigres, mais toujours infestée par les moustiques, auprès desquels les tigres sont des voisins inoffensifs et agréables.

Et cependant je garde avec plaisir dans ma mémoire la demi-heure que j'ai passée ce matin sur le spardeck de l'*Attalo*, avant que le soleil ait obligé le capitaine à faire baisser les toiles des tentes. L'immense nappe d'eau, déjà naturellement teintée en jaune par le limon, prenait aux feux de l'aurore des nuances d'un violet rose qui me faisait songer au Nil. Bien loin à l'horizon, le miroir tranquille était taché de barres menues, recourbées à chaque bout comme une accolade, et coupées d'un ou deux points sombres : c'étaient des canots cambodgiens, dont l'élégante légèreté fait songer au caïque oriental.

Parfois, une jonque massive, tout endormie sous ses lourdes voiles de paille tressée, paraissait venir à nous rapidement, alors que c'était nous qui la dépassions, car on ne sentait pas le plus petit mouvement sur le vapeur, et nous étions trop loin de la rive, encore indécise, pour la voir fuir. Le pilote annamite lui-même semblait sommeiller sur sa roue. Lorsqu'un haut-fond du fleuve l'obligeait à s'approcher du bord, nous apercevions, au milieu des cases grises, la maison blanche d'un fonctionnaire français ou la façade, surmontée d'une croix, de quelque Mission. Et la fraîcheur nous baignait, voluptueusement goûtée comme un plaisir qui doit durer seulement quelques minutes, tandis que les passagers chinois, encore étendus sur leurs nattes dans tous les coins du pont, nous envoyaient l'âcre senteur des pipes d'opium.

Phnom-Penh est un long village, arrondi sur un coude du fleuve qu'il borde au plus près, terminé d'un bout par le palais aux constructions multiples du *protégé*, le roi Norodom ; de l'autre, par le palais tout neuf du *protecteur*, le résident de France. Notre pauvre langue a dû inventer de drôles de mots pour exprimer les euphémismes des conquérants fin de siècle. On ne s'empare plus d'un pays, on le protège. On n'y envoie plus un gouverneur qui l'administre, on le pourvoit d'un personnage doux et bien élevé qui y « réside », comme ces belles-mères qui tiennent à veiller jour et nuit sur le bonheur de leur gendre. D'où ces substantifs étonnants de *protectorat*, de résident supérieur, de résident ordinaire, de vice-résident.

Sur une plaque de marbre, au-dessus de la porte d'un édifice officiel, évidemment dérobé à la grande collection saïgonnaise, on lit ces mots, gravés en lettre d'or : *Résidence supérieure*. Ah ! pour cette fois, mes épigrammes de puriste révolté sont réduites au silence. Oui, elle est supérieure, en effet, cette résidence où j'ai eu la bonne fortune de résider et le regret de résider trop peu de temps. On y est traité supérieurement, on y mange supérieurement ; on n'y dort guère, par exemple, car le résident, supérieurement aimable, et la résidente, supérieurement gracieuse et spirituelle, font oublier le coup de minuit à leur hôte, et ont la bonté de faire semblant de l'oublier aussi.

Je n'étais pas pour eux, il faut le dire, une nouvelle connaissance ni un étranger, et, à cette distance de la patrie, les heures d'amitié, comme les années de campagne, comptent double. Quelles bonnes causeries sous le punkah rafraîchissant, dans ce salon, exotique par ses Bouddhas et ses tentures, parisien par la présence d'une jolie Française, qui s'habille rue de la Paix, et chasse l'éléphant dans les forêts limitrophes du Siam ! Mais le fléau qui rend la moitié du globe inhabitable, sévit tout particulièrement à Phnom-Penh. Je me souviens de m'être demandé jadis, au pays des Pharaons, comment faisait Antoine pour goûter les charmes de la conversation de Cléopâtre, au milieu d'un essaim de moustiques. Je me posais la même question — sans avoir le moindre rapport avec Antoine — tout en causant avec madame de Verneville, car le moustique cambodgien l'emporte sur tous les autres par son habileté dans l'attaque. Il vous remonte les jambes, comme les anciens pirates normands remontaient les rivières, et, une fois parvenu aux bons endroits, il s'installe et dévore tout doucement sa proie, réduite à souffrir en silence ou à se déshabiller, ce qui est impraticable en bonne compagnie. Les malins ont un sac et s'y enferment la partie inférieure du corps, comme on fait pour les raisins de treille. La prochaine fois que je retournerai au Cambodge, j'aurai un sac, moi aussi.

Vendredi 22 août (98).

Je suis allé ce soir à la Cour, où il y avait une fête intime. Cela veut dire que S. M. Norodom se divertissait à voir danser ses bayadères dans la « petite salle », et qu'Elle daignait en ouvrir les portes à ses amis de la résidence et à leur hôte.

Le roi, qui m'avait donné audience il y a quelques années, m'a fait l'honneur de me reconnaître et m'a comblé... de poignées de main. Il doit avoir, si je ne me trompe, cinquante-deux ou cinquante-trois ans et m'a paru sinon plus jeune, du moins plus gai, plus ouvert et moins morose qu'à ma précédente visite. Ce petit vieillard, dont les yeux bridés et la grande bouche sensuelle rient toujours, semble avoir pris son parti de n'être plus jeune, de n'avoir jamais été beau, et de bien d'autres choses encore. Pendant toute cette soirée je n'ai cessé de penser — toutes proportions gardées — à

Louis XV, disant le fameux « Après moi le déluge ! » qui précéda le déluge de si peu de temps.

Sa Majesté Extrêmement Orientale nous attendait sous un hangar de quinze mètres de long, au plancher recouvert de nattes, ouvert de trois côtés. Sur le quatrième s'élevait une sorte de théâtre, dont la coulisse était remplacée par un réduit, clos de jalousies vertes. Ce théâtre, à l'opposé de ce qui se passe d'ordinaire, était occupé par le royal spectateur et ses invités. Les ministres étaient accroupis par terre au pied de l'estrade. La cour, les fonctionnaires, un orchestre féminin et d'innombrables marmots des deux sexes, tous plus ou moins assis à l'orientale, bordaient d'un quadruple rang le carré long de la salle, éclairée de lampadaires primitifs et puissants, dont un récipient d'huile, où brûle une énorme mèche, fait tous les frais. Cette huile se consume si rapidement qu'il faut la renouveler sans cesse, opération très amusante... pour ceux qui la contemplent. Car, l'étiquette cambodgienne défendant que personne se tienne debout en présence du roi ou lui tourne le dos, le Grand Lampiste du palais passe toute la soirée à se traîner de candélabre en candélabre, tantôt sur une moitié de son séant, tantôt sur un poignet, tantôt sur un genou, mais toujours de côté, à la façon d'un crabe énorme et particulièrement agile.

Les danseuses, cousines germaines de mes anciennes connaissances de Siam et de Java, sont au nombre de dix : six adultes et quatre fillettes, dont cette séance, d'après ce que veut bien dire le roi dans un français quelque peu pénible, est le début dans la carrière. Enveloppées étroitement, de la cheville au menton, sous d'admirables étoffes toutes raides de broderies, coiffées d'une tiare d'or et de diamants, d'un pied de haut, le visage tout blanc de fard, les traits figés dans une impassibilité marmoréenne, ces ballerines semblent occupées bien plus d'accomplir quelque rite lent et sacré que d'éveiller, par leurs mouvements et par leur attitudes, la moindre pensée voluptueuse. Une demi-heure suffit largement à rassasier les yeux; quant aux oreilles, au bout de cinq minutes elles demandent grâce à l'orchestre, qui, bien entendu, n'en souffle, n'en racle et n'en tape que de plus belle dans ou sur des instruments qui font un bruit terrible.

De temps en temps, sur un signe du roi, son épouse favorite sortait de derrière les jalousies vertes pour prendre les ordres du souverain et les faire parvenir à destination. C'était une assez belle personne, dont le corps plantureux était roulé, de la taille au milieu du mollet, dans une pièce de soie d'un violet sombre. Autour du buste, irréprochable, une draperie purement décorative, couleur soufre, voltigeait agréablement. Les cheveux, très noirs, étaient coupés à la Bressant, selon la mode des femmes d'ici, qui ont toutes l'air de relever d'une fièvre typhoïde. Quant à Sa Majesté, elle portait des souliers vernis, des bas blancs, un pagne ou « sampot » de soie disposé en façon de culotte courte bouffante, une jaquette noire, et une cravate de satin bleu, retenue par une broche en diamants comme nos bourgeoises cossues en mettent aux brides de leurs chapeaux. Au mur, entre le portrait de Napoléon III et celui de l'impératrice Eugénie, — retard ou malice? — la coiffure intime de Norodom était accrochée, un bonnet grec tout ruisselant de broderies d'or et de pierres précieuses. Un chambellan m'a fait l'honneur d'accrocher mon casque indien, quelque peu fatigué par le voyage, à la patère voisine. Hélas! il n'y a pas eu échange de couvre-chefs à la sortie.

Si je ne suis pas allé aux ruines d'Angkor, situées à vingt-quatre heures au nord de Phnom-Penh, c'est (je tiens à le dire par respect pour ma réputation de touriste) que je les connaissais déjà. Honte au voyageur qui, faisant un séjour dans l'Indo-

Chine, recule devant une excursion aujourd'hui très facile, grâce aux bateaux commodes et sûrs des *Messageries fluviales !*

Ces ruines, maintenant cachées sous les ombrages d'une forêt géante, sont les mieux conservées et les plus grandioses qu'il y ait au monde. Elles comprennent d'abord une ville dont les remparts, encore debout après six siècles, ne sont qu'un bas-relief merveilleux, se développant sur une longueur de quatorze kilomètres. Les monuments publics de cette cité, dont l'opulence passée défie l'imagination, sont dignes de l'enceinte chargée de les défendre.

A trois kilomètres de la ville d'Angkor, comme pour l'éloigner des bruits humains, les Khmers avaient bâti le temple le plus colossal que la main de l'homme ait jamais élevé à la Divinité. C'est une île artificielle, quadrilatère parfait, dont le côté formant façade mesure un kilomètre, tandis que la profondeur est du double. Bordée de terrasses monumentales, reliée à l'extérieur par des ponts dont chacun occupa autant de sculpteurs qu'une de nos cathédrales, dominée par une tour au profil indien de deux cents pieds de haut, la gigantesque pagode étale encore, à peu près au complet, le prodigieux labyrinthe de ses cours, de ses colonnades, de ses édicules mystérieux, de ses temples, dont un seul déroule huit cents mètres de bas-reliefs, sortis, on le dirait, du burin d'un orfèvre qui dédaigna l'or pour le granit.

Hélas! il faut aujourd'hui saluer de loin ces merveilles! Les jours, les semaines, les mois s'écoulent. La France est encore à cinq mille lieues. Et, le 1er septembre, le *Djemnah* doit me prendre à son passage à Saïgon.

Jeudi 4 septembre (111).

Singapore, vingt-quatre heures d'arrêt! Encore une île qui traînait sur l'Océan, et que les Anglais, gens soigneux, ont mis dans leur poche. Ici, nous ne sommes qu'à vingt-cinq lieues de l'équateur, et la grande plaisanterie consiste à faire croire aux illettrés qu'on le découvre quand le temps est clair.

Rien de curieux à voir dans la ville. Un hôtel immense, assez bon, où l'on est servi par des Malais, de même qu'à Hong-Kong le personnel est chinois. Une église protestante, néo-gothique, des casernes, des banques, des maisons regorgeant, de la cave au grenier, de sacs qui font éternuer, des photographes, des marchands de perroquets, des épiceries et des quincailleries européennes, des blanchisseries chinoises, des bric-à-brac indiens, des cabarets de toutes les nations connues, des tailleurs, des cordonniers et des consuls, un soleil qui vous tue en cinq minutes, s'il vous touche le crâne, voilà Singapore tel que je l'ai vu déjà et tel que je le retrouve sans grand enthousiasme.

Si le lieu manque d'intérêt par lui-même,

il se recommande par deux belles promenades. L'une est Java, que l'on peut gagner d'ici en trente-six heures de paquebot. Mais c'est encore trop loin pour un homme pressé qui rentre au logis, ayant déjà trente mille kilomètres dans les jambes. La seconde promenade, que j'ai faite ou plutôt refaite, est l'un des plus merveilleux jardins publics dont une cité puisse être fière. C'est un vrai parc, jeté comme une draperie de verdure exotique sur les ondulations d'une chaîne de collines charmantes, d'où l'on domine la rade au nord, et d'où l'on découvre la haute mer, semée d'îlots nombreux à l'ouverture du détroit de Malacca. J'ai fait cette fois une visite nocturne au jardin où la musique militaire anglaise, remarquablement bonne, jouait de neuf heures à minuit. Le soleil, ici, est traité comme un maître de maison désagréable, dont on attend le départ pour s'amuser.

Soirée féerique ! La lune aussi est absente, mais les étoiles du zénith équatorial en profitent pour verser leur lumière bleuâtre à profusion. La voie lactée semble une longue traînée de poussière de diamants tombée du char d'une déesse, courant, trop rapide, à travers une plaine de saphir pâle. Sur le ciel amoureusement éclairé, des feuillages inconnus découpent leurs arabesques, au-dessus des allées de sable jalonnées de lanternes japonaises. Tout au sommet du parc, les musiciens, formés en rond, jettent dans la nuit leurs mélodies molles et lassées. Autour d'eux, les voitures immobiles se rejoignent en un grand cercle noir, sur lequel se détachent les toilettes claires des femmes penchées en dehors, pour causer avec des ombres masculines debout près des roues. On parle bas. De quoi peut-on parler au sein de cette nuit tiède, dans cette atmosphère de parfums tombés des fleurs invisibles?... Et comment tous ces gens-là auront-ils le courage d'aller se coucher?

Courage déjà difficile pour moi, qui n'ai d'autre flirt à ma portée que celui des étoiles, et encore d'étoiles que je ne connais pas! Toutes ces belles du Sud sont des étrangères pour mes yeux. C'est à peine si j'aperçois, tout à l'horizon, le petit bout de la queue de la Grande-Ourse.

J'ai passé là-haut une de ces heures qui éclairent et embellissent la mémoire du voyageur, après le retour.

Lundi 8 septembre (115).

Malheurs petits et grands depuis trois jours. Nous sommes sortis du détroit de Malaisie et, depuis que Sumatra ne nous protège plus, la mousson du sud-ouest éprouve les cœurs faibles. Avec cela, des nuits chaudes qui m'ont fait déserter la couchette de ma cabine pour ma chaise longue de bambou, sur le pont. Ce n'est pas que je n'y dorme à poings fermés. Seulement, dès quatre heures du matin, les matelots s'emparent de ma chambre à coucher pour le grand lavage quotidien.

Quoi encore? le cuisinier est malade, et tout ce que je peux dire de son suppléant, c'est qu'il me fait envier le sort de la multitude que le mal de mer condamne à la diète.

Enfin, comme je passais dans la batterie, hier dans l'après-midi, j'ai frôlé une table couverte de jupons, de dentelles et de robes, autour de laquelle des officiers du bord finissaient un inventaire. J'ai vu plus d'une opération de ce genre, et j'ai compris tout de suite qu'une morte refroidissait derrière une de ces portes numérotées. La défunte est une pauvre jeune femme qu'on avait apportée à bord, déjà bien malade, quand nous avons quitté Saïgon. Le dernier espoir était qu'elle pût atteindre la France. Elle n'a pas pu.

Elle a expiré toute seule, sans un parent, sans un ami. De son buvard entr'ouvert s'échappaient des feuilles couvertes de poésie... et déjà les grands ciseaux du voilier taillaient, à même la toile rude, la robe aux plis austères pour le grand voyage au fond de l'Océan.

Cette nuit, je suis allé voir partir la pauvre abandonnée. Aucun autre passager n'était présent. Les voyageurs d'un paquebot n'aiment point que l'on meure à bord, et font froide mine à ceux de leurs compagnons qui commettent ce *lapsus* de mauvais goût. On n'a pas soufflé mot de l'événement, sauf qu'un homme pratique a dit hier soir :

— Voilà tout de même qui simplifie joliment certains détails douloureux pour la famille.

Le fait est qu'il est impossible de voir un enterrement plus simple — et moins cher.

Nous étions là sept ou huit, le commandant, quelques officiers, le médecin, les deux femmes de chambre, des matelots pour « envoyer » le corps. Un prêtre qui se trouvait là, par hasard, a donné l'absoute à la défunte, étendue à nos pieds sur un matelas, et qui semblait très grande, à cause des gueuses de fonte cousues à ses pieds dans l'étroit fourreau de toile grise. Toute la pompe ordinaire des funérailles chrétiennes faisait défaut à la cérémonie, qu'une lampe électrique éclairait seule. Tout manquait : les cierges bénits, l'eau sainte, la fumée de l'encens, les vêtements sacerdotaux, la grande voix de l'orgue. On sentait l'impression douteuse de quelque chose d'incomplet, de furtif et de hâté.

Soudain, les deux battants de fer de la coupée, criant sur leurs gonds, laissèrent paraître un carré noir par où montait le concert grandiose de l'Océan furieux. L'œil, s'habituant aux ténèbres, distinguait les vagues inquiètes, gonflées de clameurs, dressant leurs têtes jusqu'à l'ouverture béante, comme la foule d'une émeute avide de sa proie, lasse d'attendre. La scène, aussitôt, prit une majesté inattendue. Par ce trou sombre de quelques pieds, l'infini de l'Océan et l'infini de l'éternité semblaient se rejoindre, pour faire à cette pauvre morte un cortège plus immense que celui d'un million d'hommes suivant un cercueil. Les matelots se sont avancés... En quelques secondes, l'épave humaine avait disparu, sans faire plus de bruit, au milieu du tumulte des flots, que la feuille détachée de la branche qui tombe dans l'eau courante.

Que Dieu reçoive cette âme, et nous fasse la grâce de mourir dans les bras de ceux que nous aimons!

X

DE CEYLAN A SUEZ

Le « coup de foudre » de la Nature. — Tableaux à peindre. — Les passagers du *Djemnah*. — Atterrissage sur la côte africaine. — Aden. — La mer Rouge.

Mercredi 10 septembre (117).

Eh bien, même après l'Amérique et ses beautés puissantes, même après le Japon et ses grâces délicates, je retrouve — sauf la nouveauté indispensable en pareil cas — le « coup de foudre » dont la grande île indienne m'a frappé jadis, comme elle en a frappé tant d'autres. Non ! sur aucun des points du globe, la nature ne m'a parlé comme à Ceylan, de même qu'aucun regard humain n'a su me dire ce que m'ont dit certains yeux. Mais, comment transcrire ce langage avec des mots ! Et, d'ailleurs, c'est à peine si je le désire, moi qui considère l'analyse, à des moments donnés, comme le plus sot des meurtres.

Et cependant, à quelque distance, la terre cynghalaise ressemble à toutes les terres tropicales, avec une majesté particulière que lui donne le pic aux lignes pures qui la domine, et dont notre père Adam, s'il faut en croire les légendes, a marqué la cime d'une empreinte visible encore. Et cependant, vue de la proue du navire déjà mouillé, Colombo ressemble prodigieusement à Singapore, et à vingt autres villes semées à droite et à gauche de l'équateur. Mais gagnez le rivage et, laissant à gauche l'agglomération des édifices, prenez la belle route en sable violet qui longe la mer, dont la grande lame d'émeraude, même quand la brise dort, vient tordre à vos pieds sa croupe à demi voilée d'écume.

Tout conspire à subjuguer votre imagination, votre pensée, vos sens. Où connûtes-vous jamais l'azur violent de ce ciel, la verdure glacée d'or de cette forêt de palmes, cette débauche de floraison multicolore qui éclate jusqu'au sommet d'arbres séculaires, aussi imposants, mais moins austères, que les chênes de nos forêts, dont le gui seul orne le front? Mais surtout, quand avez-vous été troublé, comme à cette heure, par un étrange parfum qui vous fait battre les tempes douloureusement, sans que vous puissiez dire s'il monte de la terre, s'il tombe des fleurs pâmées sur votre tête, ou s'il s'échappe du vêtement de ces belles jeunes femmes qui vous croisent, vivantes statues de bronze aux lignes impeccables, à l'œil de velours?

Le chemin quitte la mer, traverse un faubourg de villas opulentes, où il semble que la vie doit passer comme un songe heureux.

Les portes sont ouvertes toutes grandes, n'opposant au regard que la coquetterie d'une soie tendue. De beaux enfants de race anglaise, dont la peau fine et un peu pâle ressemble au pétale des innomblables gardénias épanouis sur la haie, jouent à l'ombre de la véranda spacieuse. Et maintenant nous voici au bord d'un lac admirable, encadré de jardins ou, pour mieux dire, de serres dont on aurait enlevé le vitrage inutile. Dans une anse retirée, des tritons de bronze lavent le linge et font boire ces drôles de petites vaches, bossues comme des dromadaires, qui traînent d'un trot si allègre la charrette du laitier ou le tilbury du gommeux indigène. Voici même un éléphant qui prend son bain, avec des lenteurs et des minuties de vieux garçon sybarite.

En aucun lieu du monde, l'aspect de la foule ne présente à ce point la note artistique, avec si peu de laideurs. Ici, pas de haillons sordides, comme en Égypte et en Turquie ; pas de Chinois ou d'Annamites, négation du pittoresque, comme à Saïgon; pas de Malais au masque grimaçant et simiesque, comme à Singapore. Et, sur tous ces corps, remarquables souvent par la noblesse des attitudes, l'œil rencontre, soit l'étonnante harmonie des plis de la draperie, soit les teintes chaudes de l'étoffe.

Je me suis toujours étonné, sans trop m'en plaindre, de ne pas voir les peintres qui ont fait fortune chercher ici le nouveau, cher à notre fin de siècle. Ils y trouveraient une lumière aussi radieuse, aussi intense, mais moins aveuglante et moins sèche que dans l'Orient méditerranéen. Ils y trouveraient des sujets de tableau en nombre infini, qui nous reposeraient de l'éternelle majesté arabe, un peu usée, et des effets restreints en nombre d'une nature souvent pauvre en végétation. Ah! la jolie toile de genre qu'on ferait avec un de ces marchés en plein vent, installés à chaque pas! Un grand arbre au feuillage épais, dont les branches baignent dans le lac leurs grandes clochettes jaune d'or. Là-dessous, quatre ou cinq paysans assis par terre, la cotonnade à carreaux du pagne moulant les jambes, le torse nu, la physionomie, très éveillée, du type arien, les cheveux longs, relevés en arrière par le peigne. Et de rares acheteurs ; ici, des moutards des deux sexes, lorgnant la canne à sucre avec convoitise ; là, une ménagère en retard ou paresseuse, achetant une platée de riz tout préparé, tandis qu'une belle fille, à la narine cloutée d'argent, allonge son bras de statue pour choisir — *lugete veneres !*... une chique de bétel.

Je croque le tableau pendant que mon *tireur* de *pousse-pousse* (deux substantifs qui ne s'accordent guère) se désaltère lui-même de l'eau douceâtre d'une noix de coco verte. Car la *jinrikisha*, partie de Tokio, commence à se faire voir à Ceylan. Quelle joie, si elle venait jusqu'à Paris ! Être enfin délivré des fiacres. Mais que diraient les chroniqueuses au cœur sensible !

Lundi 15 septembre (122).

La « mousson Suroît » devient très fraîche. Écrire est un tour de force ; lire, une fatigue. Reste la conversation, mais les interlocuteurs valides sont assez rares. Je me suis fait quatre amis dans la personne d'autant d'officiers de marine japonais qui viennent prendre chez nous des navires de guerre, construits par nos usines, pour les conduire dans leur pays. Nous avons causé ensemble des mœurs et de l'histoire de leur chevaleresque nation. Je leur ai *raconté* quelques-unes de leurs légendes qui me plaisent davantage. Ils m'en ont cité d'autres, qui prenaient dans leur bouche un grand charme, pour être dites avec modestie et avec respect. J'ai observé que beaucoup d'Occidentaux ne sauraient allier ces deux qualités ensemble quand ils parlent de leur patrie. Ou ils l'exaltent sottement, ou ils la blaguent à outrance : pas de milieu ! Ces Japonais sont vraiment remarquables en tout pour leur sentiment de la proportion, du goût et de la forme. Le malheur, c'est qu'ils ne comprennent que l'anglais. Toujours l'anglais! Jeunes mères de famille, si vous saviez — j'ai passé par là jadis — comme un homme se sent bête, embarrassé, malheureux, dès qu'il a mis le pied sur un navire, s'il ne peut pas, tant bien que mal, tourner et comprendre une phrase dans ce qui est aujourd'hui, prenons-en notre parti, le véritable volapük!

Nous sommes envahis, cela va sans dire, par le flot des fonctionnaires cochinchinois et tonkinois, allant en France pour se refaire au climat natal. Ils ont un caractère commun : leur mépris absolu pour la démarcation des classes de passage. Les « deuxièmes » envahissent victorieusement le terrain des « premières », de sorte que, véritablement, la couleur du billet ne donne guère d'autre droit, sur les *Messageries*, que de payer sa place plus cher. Sur les *Transat-*

lantiques, le Yankee ne songe même pas à sortir de ses limites. Toute la différence entre les deux « sœurs » apparaît dans ce détail. Leur République veut surtout être *libre* ; la nôtre fait bon marché du reste, pourvu qu'elle soit *égale*. *Domine salvum fac*... Bon ! la mousson vient d'emporter la fin de mon antienne.

Le soir, mes jeunes amis japonais se groupent à l'arrière du bateau, et, les yeux fixés sur le sillage, dans la direction de l'Orient, dont chaque tour d'hélice les éloigne un peu plus, ils chantent à demi-voix l'air national de leur pays, grave et solennel comme un hymne religieux, dont je leur ai demandé de me traduire les paroles :

« Tant qu'il y aura un souffle de vie dans la poitrine des braves qui ont juré d'être les gardiens de leur souverain et de leur patrie, aucun envahisseur ne posera le pied sur notre sol. »

Le Saïgonnais et le Tonkinois se ressemblent encore sur un point, c'est que leurs affaires vont mal. Diminution des traitements, augmentation du cours de la piastre, cherté de la vie augmentée par l'établissement de cette douane qui fait tordre de rire nos voisins, tous ces fléaux vident leurs poches et dégarnissent effroyablement les cafés à l'heure de l'apéritif. Mais le Saïgonnais est un mécontent résigné, tandis que le Tonkinois est un mécontent furieux. Le premier est un Bélisaire ; le second est un Washington — en herbe. Celui-là, né sous l'empire, qui ne plaisantait pas avec ses subordonnés, garde une prudente réserve dans la plainte. Celui-ci crie comme un beau diable, discute, flétrit, prophétise, remontre. Nos anciens parlements étaient des agneaux à côté de lui.

Naguère, M. Carnot prend la liberté grande d'accepter la démission d'un ministère. Le télégraphe porte la nouvelle au Tonkin. Deux heures après, le même télégraphe remportait ce coup de massue à la Tacite :

PRÉSIDENT CARNOT — Paris.

La Chambre de commerce d'Hanoï proteste !!!

— Et les passagères? me dira-t-on. N'y en avait-il donc pas à bord?

Il y en avait fort peu, et ces dames, j'ai tout lieu de le croire, me sauront gré de donner le pas à la discrétion du chevalier français sur la perspicace observation du touriste.

Mesdames, passez sans crainte à la page suivante. Je n'ai rien vu.

Mercredi 17 septembre (124).

Hier à midi, nous avons doublé le cap Gardafui, sentinelle avancée de l'Afrique. En une demi-heure, la mousson a fait place à un calme torride. Est-ce un progrès? Je n'ai jamais vu personne mourir du mal de mer, et j'ai vu quelqu'un, jadis, mourir de chaleur dans cette mer Rouge, où nous sommes pour quatre longues journées.

Aujourd'hui, à trois heures après midi, nous avons mouillé sous une montagne de lave mal refroidie, d'un gris rougeâtre, découpée en dents de scie, où l'on ne voit, en fait de végétation, que le mât de sapin de l'inévitable pavillon britannique. Ce lieu, « séparé seulement de l'enfer, dit un proverbe, par une feuille de papier », se nomme Aden. Il passait pour le moins habitable du monde, jusqu'au jour où les Italiens ont découvert Massaouah, presqu'en face d'ici, sur la rive africaine. Mais ne disons pas trop de mal de Massaouah, car ces bons amis nous demanderaient ce qu'il faut penser d'Obock, un autre four... politique et crématoire, du même genre et de la même région.

Le rocher d'Aden tient à l'Asie par une étroite ramification, que les Anglais ont barrée d'ouvrages imprenables, ajoutés aux fortifications de la nature. De l'autre côté d'un tunnel gardé par de beaux cipayes au turban rouge, les voyageurs ne manquent pas d'aller visiter les citernes de la reine Cléopâtre, revues et considérablement augmentées par la reine Victoria. C'est un bel ouvrage, qui pèche habituellement par un défaut, très grave pour une citerne : l'absence totale d'eau. On a vu ici des enfants arriver à l'âge de raison sans savoir ce que c'est qu'une goutte de pluie. Aussi l'un des spectacles pittoresques de cette grande ville arabe est le *marché à l'eau*, place peu étendue et encore moins ombragée, où des milliers d'outres pleines sont étalées sur le sol et marchandées par les ménagères au sein d'ébène, tandis que, à l'arrière-plan, rumine l'armée de chameaux qui vient d'apporter cette onde pure de la source voisine; — sept ou huit lieues. — Je recommande ce système au conseil municipal de Paris. L'eau d'Aden, en conscience, n'est pas irréprochable; mais c'est un nectar délicieux à côté de celle que nous donne la pompe à feu de Chaillot.

J'ai dîné à l'*hôtel de l'Univers*, où j'ai retrouvé la courageuse *landlady* champenoise, si habile jadis à cingler de jolis coups de fouet les mollets des négrillons trop hardis. La bonne dame a remplacé le fouet par un roquet supérieurement dressé ; en quoi elle a eu tort, car elle tourne à l'embonpoint depuis qu'elle ne prend plus d'exercice. J'avais pour voisin de table un fonctionnaire turc, très intéressant, qui m'a beaucoup parlé du pèlerinage de la Mecque.

— En venez-vous ? lui demandai-je, le prenant pour un hadji vêtu à l'européenne.

— Pas tout à fait, me répondit-il. Je suis docteur, attaché à l'un des lazarets voisins, et je vais me reposer un peu dans ma famille. Nous avons, cette année, beaucoup plus de choléra qu'à l'ordinaire.

Voilà un *interview* dont je ne me vanterai pas à l'inspecteur de la Santé, quand nous arriverons à Marseille.

A neuf heures je regagne le bord, sans avoir acheté la moindre plume d'autruche ou la moindre peau de lion, les *tentations* du lieu. En revanche, j'ai pris du café exécrable. A quelques lieues de Moka, c'est dur !

Sur le coup de minuit nous levons l'ancre et sortons de la rade en passant assez près de la carcasse de l'*Anadyr*, un paquebot frère du nôtre qui a eu des malheurs. Il y a toujours du *coulage* dans les grandes Compagnies.

Jeudi 18 septembre (125).

Passé ce matin à sept heures le détroit de Bab-el-Mandeb. Au beau milieu se trouve une île appelée Perim, que la France, il y a quelques années, conçut l'idée de prendre, chose assez facile, car elle était déserte. Le commandant d'un de nos navires de guerre est chargé d'y planter, en passant, le pavillon tricolore. Malheureusement le brave marin passait d'abord à Aden. Il s'y arrête et rencontre un collègue de la marine anglaise. On s'invite à dîner ; on cause ; l'officier français demande des renseignements sur le meilleur mouillage de Perim. L'autre l'écoute, lui répond vaguement, traîne le repas en longueur, fait rapporter du champagne... et envoie un exprès au gouverneur. On se quitte avec force tendresses.

Le lendemain, quand notre bateau de guerre parvint en vue de l'île, un magnifique pavillon britannique — tout neuf — égayait le paysage pauvre en verdure. Et voilà comment nous faillîmes posséder une position stratégique avantageuse hors de nos côtes.

Le thermomètre fait des bêtises. Trois chauffeurs arabes sont tombés asphyxiés devant les chaudières. On les a rappelés à la vie, Dieu merci ! L'eau de la mer est à trente-cinq degrés centigrades. Suez est encore bien loin.

XI

DE SUEZ A PARIS

Le village et le canal de Suez. — Port-Saïd. — Alexandrie. — Dernier croquis d'Orient. — Fausse alerte. — Le détroit de Messine. — Les Bouches de Bonifacio et le cimetière de la *Sémillante*. — Le dernier tour de roue.

Lundi 22 septembre (129).

Que de notes à prendre, depuis vingt-quatre heures !

Hier, à six heures du soir, nous avons salué en passant les deux pointes du Sinaï et, presque à côté, le sommet d'Horeb. Le coup d'œil, certes, n'est pas banal. Et cependant, parmi tous ceux qui le regardaient, officiers du bord et passagers, une seule idée, une seule préoccupation se manifeste: Serons-nous à Marseille samedi prochain? Arriverons-nous assez tôt pour dîner à terre, ou seulement après dîner? — Et maintenant (j'ai l'expérience de ces dernières heures des longs voyages), c'est fini : on ne parlera plus d'autre chose.

Au petit jour, ce matin, nous avons mouillé dans la rade de Suez, où les feux de toute couleur luttaient encore contre les rayons avant-coureurs du soleil. A gauche, au bord d'une plaine adossée à des montagnes violettes, des taches blanches régulières désignaient le village ignoré naguère, dont le nom, aujourd'hui, est aussi fameux dans le monde que ceux des plus grandes capitales. A droite, je reconnais un point sombre se détachant sur le sable, c'est le puits de Moïse. Probablement, si je pouvais plonger assez bas sous la quille du navire, je trouverais les glaives, les cuirasses et les chars de l'armée du Pharaon que les flots engloutirent, pendant que les Hébreux sauvés buvaient à cette source jaillie sous le bâton de leur chef.

Mais il s'agit bien des Hébreux! La « Quarantaine » est à bord et pose des questions indiscrètes au médecin turc, mon voisin de table d'Aden. Est-ce que, par hasard, on aurait l'idée de nous retenir en observation? Tous les passagers trépignent. S'il suffisait, pour arranger notre affaire, d'envoyer le malencontreux docteur rejoindre ses confrères du corps médical pharaonien, je ne donnerais pas cher de sa peau. Heureusement tout s'arrange : nous allons passer. Mais voilà deux heures perdues. Mauvais augure pour le dîner de Marseille! Pendant ce temps-là, j'ai lu un gros courrier qui a huit jours seulement et non plus six semaines. Parents, amis, amies, comme je vous remercie de m'écrire et surtout d'aller tous bien!

A huit heures nous longeons à petite vitesse un grand mur d'écluse, couronné de constructions à l'air administratif, qui marque l'entrée du canal. Avez-vous jamais vu la rigole tracée par des enfants dans le sable léger et sans verdure de la plage? Figurez-vous que la rigole a soixante mètres de large et cent soixante kilomètres de long; vous aurez l'une des œuvres les plus gigantesques, l'une des moins imposantes qu'ait créées la main de l'homme : le canal de Suez.

A deux heures, nous sommes à moitié route de la Méditerranée, dans le lac Tinsah. Pas un arrêt; pas un échouage; c'est merveilleux. Un coup de vent frais nous jette du sable dans les yeux, mais nous débarrasse de l'insupportable nuée des mouches de l'isthme, tenaces, collantes, daignant à peine se servir de leurs ailes pour fuir — et cependant insaisissables. Ce grand toit, à gauche, qui sort d'un bouquet d'arbres majestueux, luxe deux fois princier sur cette rive désolée, c'est la villa Lesseps. En la regardant, j'ai fait une prière : « Mon Dieu, si jamais vous m'envoyez le succès et la gloire, ce dont je doute, préservez-moi des inscriptions gravées trop tôt et des couronnes tressées trop vite. Cela porte malheur. »

La nuit vient; mais il n'y a plus de nuit à notre époque. Une main a pressé le bouton du réflecteur électrique, et soudain, de la proue du *Djemnah*, la gerbe lumineuse fouette l'horizon, soulignant d'une ombre crue la moindre touffe des ajoncs qui essayent de pousser sur les berges. Nous avons l'air d'une aurore bleue de lune qui se traînerait à terre, ne pouvant se lever.

Dix heures du soir, Port-Saïd. Nous avons passé le canal en quatorze heures, ce qui s'est vu rarement : coût, dix-sept ou dix-huit billets de mille, sur quoi ma personne figure, ô modestie! pour deux pauvres pièces de cent sous! Pendant que le paquebot avale gloutonnement trente wagons de houille en trois heures, les intrépides sont allés courir cette ville étrange, dont les cafés-concerts, pareils à ces cascades de Chantilly vantées par Bossuet, « ne se taisent ni jour ni nuit ». Moi, je tombe de sommeil après une journée si bien remplie, et les séductions de Port-Saïd me sont trop connues pour m'attirer.

Mardi 23 septembre (130)

Comme dans un roman bien conduit, les derniers épisodes de ce voyage se précipitent au dénouement. A midi nous apercevons déjà le phare d'Alexandrie, notre dernière escale. Trois heures d'arrêt seulement. Alexandrie est un tout composé de la plus laide moitié de Marseille et de la plus sale moitié du Caire. N'importe : c'est toujours l'Orient, l'Orient tout court, qui m'attire, ou plutôt qui me tient, après tout, malgré tout ce que je viens de voir. — Peut-être pourrais-je dire pourquoi. Mais j'écris le journal de mon voyage et non celui de ma vie...

A grand'peine, j'atteins un canot dans la bagarre, en distribuant sur un grouillement humain de terribles coups d'un parapluie inoffensif. *Irascimini et nolite peccare.* Sur le quai, vite une voiture! Un quart d'heure au trot par les ruelles en terre battue, par les *streets* pavées de larges dalles, et je me glisse dans le labyrinthe ombreux du Bazar. Non que j'aie l'intention d'y faire de la dépense. Ma bourse est vide, et la modeste malle de la gare Saint-Lazare n'a fait que trop de petits. Mais je veux retrouver cette odeur d'huile de roses mêlée à d'autres moins poétiques, l'aspect reposant des boutiquiers impassibles, tournant dans leurs doigts l'ambre poli des chapelets, l'harmonie impeccable des nuances et des formes de tous ces objets nés en mille lieux divers, mais tous marqués de l'inexprimable sceau oriental; enfin, le poétique mystère que laisse traîner après lui le regard de ces passantes voilées.

Courage, mon crayon fidèle! Bien des

fois je t'ai taillé et retaillé, depuis le jour où la jolie marchande new-yorkaise t'effila sur ma prière, avec une coquette lenteur. Depuis lors, les cités, la Prairie, les gorges du Fraser, le Pacifique, les temples du Japon, les palais des rois à demi sauvages, les rochers brûlants de l'Arabie t'ont vu tracer bien des croquis divers. Dessine encore ce tableau surpris dans le Bazar. Hélas ! c'est le dernier sans doute, pour bien des mois, Le prochain bazar que nous verrons, c'est le grand Bazar parisien, où nous n'aurons plus assez de temps, ni assez de place, ni assez de soleil pour faire des croquis.

Une boutique d'armurier dans une rue large d'un mètre, et cependant visitée par cette abondante lumière du soleil d'Orient, que je vais laisser ici. Murs blancs, tapissés de coutelas, de yatagans, de pistolets longs comme des fusils, de fusils longs comme des lances. Dans un coin, un apprenti à moitié nu charpente une bûche de chêne qui va devenir une crosse. Au fond, près d'un petit tas noir qui fume, l'ouvrier de confiance lime une batterie que les arquebusiers de Charles VII eussent trouvée massive. Et, sur le devant, le patron, assis par terre, courbe son front enturbanné et son nez chargé de besicles vers l'immense canon d'une arme merveilleuse, incrustée, ciselée, damasquinée, dont le fourreau de maroquin rouge bâille sur l'aire poudreuse dans un rayon de soleil.

En face du vieillard, trois Bédouins magnifiques ont pris la même pose, au beau milieu de la rue qu'ils barrent tout entière des draperies blanches et noires de leur costume quasi monacal. Ils dressent fièrement leurs têtes rasées et veulent paraître impassibles. Et cependant je les devine préoccupés, presque émus de la consultation qui se tient sous leurs yeux. L'arme précieuse, héritage de plusieurs générations, pourra-t-elle encore faire parler la poudre dans les fêtes de l'oasis, ou, qui sait? envoyer une balle aux chrétiens à la prochaine guerre sainte? Comme je m'arrêtais à considérer la scène, l'armurier et ses deux hommes ont tourné vers moi un regard inquiet. Je soupçonne que les murs de cette boutique reçoivent souvent des confidences peu faites pour des oreilles européennes... Conspirez en paix, braves gens : mon bateau va partir.

A quatre heures nous franchissons la passe, « gais et contents ». Soudain nous stopons, des matelots courent le long du bord, décrochant, jetant à la mer toutes les bouées de sauvetage. *Un homme à la mer* ! Nous nous précipitons sur la dunette; nous sommes tous pâles comme des morts; les femmes pleurent. Un canot s'éloigne, remontant le sillage. Hélas ! bien que l'hélice ne tourne plus, nous avons déjà fait un kilomètre. Toutes les jumelles fouillent la mer, unie comme un miroir de saphir; les ronds blancs des bouées sont tous visibles, sans la tache noire d'un homme cramponné. Le canot les rejoint, s'arrête, hésite; les minutes se passent; maintenant, l'agonie du malheureux doit être achevée. L'embarcation revient, n'ayant rien vu. Mais qui donc vient de mourir par ce beau soleil, dans ce calme radieux, presque au seuil de la patrie?...

Eh bien, personne n'est mort, personne n'est tombé. C'est une fausse alerte. Comment survenue, on ne le saura jamais. Vous croyez qu'on se réjouit? Tout le monde est furieux : nous risquons fort, maintenant, de manquer l'entrée à Marseille, samedi soir.

Vendredi 26 septembre (133).

Nous avons passé, trop matin pour le voir, l'admirable détroit de Messine, ce rival injustement dédaigné du Bosphore. Au soleil levant, nous distinguons l'Etna énorme, sous lequel la Sicile semble prête à sombrer, comme une barque chargée d'une masse excessive. Bientôt, à droite, voici le Stromboli, dont la cime dort sous une bouffée légère. Et *jamais* je n'ai vu la Méditerranée aussi belle. O Neptune, il est bien tard pour me sourire!

Samedi 27 septembre (134).

Je me suis levé à six heures du matin pour saluer, dans les Bouches de Bonifacio, une chapelle entourée de murs blancs. L'étroit rocher qu'elle couronne conserve un aspect sinistre, même par ce temps radieux. Là reposent, depuis trente-cinq ans, les marins et les soldats qui montaient la *Sémillante*, frégate de guerre française émiettée en cet endroit par une tempête, alors qu'elle allait en Crimée renforcer nos troupes. Ils étaient sept cents, et pas un de ces corps, limon humain jeté sur la rive, n'a pu remuer ses lèvres blanches pour conter l'agonie des dernières heures. Car la mort les fit attendre; le solide navire se défendit vaillamment, et ces hommes périrent comme de vrais marins et comme de vrais Français. L'aumônier et le commandant avaient arboré la grande tenue pour aller à la suprême bataille : celui-ci ses décorations et ses épaulettes, celui-là sa robe de lin sacerdotale, son étole, son crucifix. On peut facilement imaginer ce que fut la dernière scène du drame...

Pourquoi, ô puissants du jour, assurés, ou à peu près, de mourir dans ce bon lit que vous faites si bien, pourquoi n'avez-vous pas laissé le prêtre à ceux qui risquent de finir sans espoir et sans secours humain, entre la mer qui engloutit et la falaise qui broie, dans le mystère inexorable de la nuit!

Quatre heures après midi : la terre de France...

Grâce au médecin turc d'Aden et au sauvetage imaginaire d'Alexandrie, nous avons, encore une fois, dîné à bord. Peut-être aurions-nous fait un meilleur repas à terre, mais quelle soirée nous aurions perdue!... Lune épanouie et radieuse, flots désarmés et endormis, brise qui semblait mourir dans une caresse; la grande et coquette amie que j'allais quitter pour longtemps ne me faisait grâce d'aucune de ses séductions. Et je croyais entendre de nouveau ces paroles qui furent vraies pour quelqu'un que je sais, dites par une bouche humaine :

— Va ! Je te défie de m'oublier !...

Neuf heures du soir. Nous sommes au mouillage. Une horde bruyante, discordante, insolente, ignorante de toute discipline, envahit le *Djemnah*. Dans aucun des ports plus ou moins sauvages que j'ai vus, la scène du débarquement n'est accompagnée de cette violence hideuse, dont je rougis pour les étrangers qui la subissent, étonnés, et ne pouvant croire qu'ils sont en France. Vingt tours d'hélice de plus et, du bateau amarré à terre, comme il le sera demain, nous descendrions commodément, sans être foulés, déchirés, assourdis, rançonnés par la gent canotière marseillaise.

— Possible, me fut-il répondu. Mais ces pirates numérotés réclameraient. Ils sont électeurs.

— Ah ! oui... Je n'y songeais plus !

Dimanche 28 septembre (135).

Le fiacre qui me ramène chez moi passe devant la gare Saint-Lazare. Les deux bouts de la grande ceinture sont noués. Il est minuit, l'heure où j'entrais à cette même gare, cent trente-cinq jours plus tôt, pour commencer le tour du monde. En si peu de temps, la fourmi curieuse a mesuré la motte de terre qui l'a vue naître et qui la verra mourir. Est-ce la fourmi qui est grande ou la motte de terre qui est petite?...

Nous le saurons un jour. Quoi qu'il en soit, entre ce fiacre du 28 septembre et celui du 17 mai il y avait place pour bien des accidents. Mais plus d'une pensée pieuse et tendre voyageait avec moi...

In manibus portabunt te, ne forte offendas ad lapidem pedem tuum.

APPENDICE

J'avais communiqué à un Japonais de mes amis, jeune et très intelligent ingénieur de la marine impériale, mes notes relatives au Japon, en le priant de corriger mes plus grosses bévues.

Sa réponse est trop curieuse pour que je la conserve pour moi seul. En voici des passages, concernant la femme japonaise et la place que lui font, dans la société de son pays, l'éducation et les mœurs. Quant au jugement de **M. H.** Takeda sur mon œuvre personnelle et sur son exactitude, il est trop visiblement empreint de la bienveillance ordinaire à la nation la plus polie du monde pour qu'il me soit possible de m'en parer en public.

... Sur ce sujet, monsieur, je suis tout à fait d'accord avec vous, non seulement parce que votre opinion est favorable à mes sœurs, mais parce que je puis, à juste titre, me sentir très fier d'elles, au moins pour les qualités de leur cœur. Je ne prends pas la plume pour les défendre de l'accusation que M. Loti leur a jetée, à la face de l'univers. Si quelques-unes d'entre elles ont eu le malheur de heurter les sentiments généreux de cette honorable personne, *qu'elles achètent leur pardon par leur honte.* Mais qu'il soit permis à d'autres hommes, voyant les choses autrement, de juger la vériter d'après eux-mêmes.

En fait, SI — j'écris ce petit mot avec tout mon courage — si un observateur avait constaté que nos dames sont dans un état d'imperfection quant à leur développement intellectuel, j'aurais admis franchement le reproche. Mais que ce même observateur prétende qu'elles manquent aussi des qualités du cœur, je m'élèverai de toutes mes forces contre cette accusation. Elles ont un cœur, aussi loyal, aussi ardent, aussi tendre, aussi patient, aussi résolu, aussi héroïque que peuvent l'avoir les femmes des autres pays. Je suis fier de dire que, sous ce rapport, elles ont peu d'égales.

D'ailleurs l'histoire est là pour me soutenir. Depuis un temps presque immémorial, notre système a été de cultiver seulement en elles les qualités du cœur, même aux dépens de la culture intellectuelle, et ce n'est qu'après deux mille cinq cents ans que nous avons songé à les rendre capables, par l'intelligence, d'accomplir leurs devoirs dans la vie. Et nous nous serions consumés en efforts, pendant des siècles, pour produire un résultat opposé ! Et nous aurions dépensé notre vie nationale pendant près de trois mille ans, seulement pour aboutir à l'exhibition aux yeux des étrangers de *femmes d'infidélité !* O vous, observateurs du caractère féminin ! vous, femmes de l'Europe et, par-dessus toutes les autres, vous, belles et nobles filles de la chevaleresque France, venez chez nous et nous vous montrerons ce qu'est le cœur de vos sœurs orientales !

Mais pourquoi vous adresser cette tirade dont vous n'avez pas besoin, vous qui avez écrit : « Elles ont donc un cœur ! » Oh ! monsieur, pardonnez-moi mon enthousiasme s'il devait vous déplaire ! Oh ! monsieur, permettez l'enthousiasme à un jeune homme quand il plaide pour ses sœurs !...

Quant au divorce, il ne m'est pas possible de discuter vos affirmations, et encore moins de défendre les procédés contraires à la nature de quelques-uns de nos ancêtres. Tout au contraire, j'écoute vos paroles comme un avertissement adressé à mon pays par un ami sérieux, et j'espère que ces pratiques barbares ne viendront plus souiller le présent et l'avenir de notre histoire. Et cependant je ne saurais vous demander de taire ces fautes à vos honorables lecteurs. Chaque nation a ses gloires et ses erreurs, et l'Europe n'est pas arrivée à son raffinement moral et intellectuel d'aujourd'hui, sans que des erreurs choquantes n'aient marqué sa carrière. Mais qu'il me soit permis, du moins, d'expliquer en quelque mesure ce qui a pu vous frapper défavorablement.

Ces divorces barbares dont vous parlez sont le reflet d'une couleur particulière à nos lois féodales. L'ancien Japon considérait la fidélité au maître, à tous les degrés hiérarchiques, comme le premier de tous les devoirs ; immédiatement après venait l'obéissance des enfants à leurs parents. Cette règle était si impérieuse que, dans le cercle de la famille, l'affection conjugale devait, à l'occasion, être sacrifiée à la dépendance filiale. Il en résultait que le divorce était inévitable pour une belle-fille qui n'avait pu réussir à donner satisfaction à ses beaux-parents. Elle pouvait s'être attachée étroitement à son mari, celui-ci pouvait l'aimer du plus profond de son cœur. Hélas! Tout cela devait être immolé, avec la seule consolation du devoir filial accompli. Et telle était la sévère virilité de l'éducation d'un samouraï, qu'il ne pouvait même pas balancer. Bien plus, si lui et sa tendre épouse avaient eu l'idée de jouer vis-à-vis de leur famille le rôle d'un Roméo et d'une Juliette, la tache infligée au nom eût été ineffaçable, et le père d'un tel fils, pour se conformer aux lois strictes de l'honneur, aurait dû accomplir le *hara-kiri* [1] afin de laver cette honte.

Ceci me remet dans l'esprit l'observation que j'ai lue dans une des œuvres charmantes de l'éminent écrivain anglais, lord Lytton : « Le plus mortel ennemi pour l'amour n'est pas l'inconstance, ni l'infortune, ni la jalousie, ni la colère, ni rien de ce que souffle la passion ou exhale la richesse. L'ennemi le plus mortel de l'amour, c'est la force des usages et des mœurs! »

En vous exposant les misères dont l'ancien Japon fut parfois le témoin, je pourrais vous donner à croire que les divorces étaient alors chose très fréquente. Cependant, si incroyable que le fait puisse paraître, il n'en était pas ainsi, principalement dans les classes supérieures par le rang et l'éducation. La jeune femme était toujours traitée avec une tendresse particulière ; de son côté elle était toujours désireuse de faire de son mieux et, de cette façon, l'union de la famille était parfaite. D'ailleurs le divorce était considéré en lui-même comme un acte honteux, et amenant fatalement le malheur sans remède de la triste victime, car une femme digne de ce nom estimait qu'un second mariage était pour elle une déchéance.

1. Traduction littérale : *incision du ventre.* (*Note de l'auteur.*)

Je suis forcé de reconnaître que les mariages d'inclination étaient fort rares au Japon. Il arrivait même que les futurs ne s'étaient jamais aperçus, et c'était dans la suite que l'amour naissait entre eux. Comment cette tendresse aurait elle pu ne pas s'éveiller ? Nos sœurs avaient reçu avec le lait une éducation faite pour développer les qualités de leur cœur, et un samouraï digne de ce nom, pour peu qu'il eût un cœur, lui aussi, se sentait entraîné à leur rendre l'affection qu'il en recevait. Les mœurs de l'Orient et de l'Occident diffèrent, mais tout être humain possède un cœur pour aimer et adorer ce qui est réellement aimable et bon. Comment pourrait-il rester insensible au mérite d'une angélique jeune fille, uniquement occupée à estimer, respecter et chérir son seigneur et son compagnon dans la vie, toujours prête à donner sa vie pour lui?

Cependant on a vu des mariages formés par l'amour. Mais je pourrais citer maint exemple de pauvres demoiselles sacrifiant leur vie à leur premier amour. Car, au Japon, et en France de même, je suppose, le premier amour d'une femme est aussi le dernier[1], et, si cet amour est malheureux, elle doit ou lui être fidèle dans la mort, ou se tenir

1. Je laisse à mon ami Takeda la responsabilité de cette opinion en ce qui concerne « mes sœurs ». Dans tous les cas elle ne pêche point par la malveillance.

(Note de l'auteur.)

prête à ratifier les engagements opposés qui seront pris tôt ou tard pour elle. Heureusement, la constitution de la société dans l'ancien Japon tendait à protéger les jeunes personnes contre le danger de ces inclinations fatales...

Quels changements se sont introduits dans nos idées et dans nos mœurs depuis notre grande révolution ! Un pays situé aux extrémités de l'Orient se mêlant tout à coup à la vie des nations occidentales ! Un pays apparaissant sur la scène du monde, après avoir vécu, pendant plus de vingt siècles, tranquille, retiré, protégé par une constitution toute spéciale ! Cette transformation, n'ai-je pas le droit de l'appeler une grande révolution ? D'une part, les préceptes rigoureux de l'époque féodale se sont grandement relâchés ; les règles inflexibles qui reliaient ensemble les hommes et les femmes de toutes les classes deviennent lettre morte, et une jeune génération grandit avec de nouvelles idées. D'autre part, l'ancienne génération n'ayant pas entièrement disparu, et certaines familles maintenant parmi elles la sévérité des mœurs d'autrefois, qu'arrivera-t-il si une jeune fille de la nouvelle éducation est appelée à confondre son existence avec celle d'une famille de l'ancienne ? Hélas ! monsieur, je n'ai pas besoin de vous donner la réponse !

Que peut-on augurer aujourd'hui de l'avenir du Japon ? Une expérience de plus de vingt ans est venue l'instruire. Une notion plus élevée de la nature et des aspirations de la femme a prévalu. Son éducation a été basée sur des principes plus solides et plus justes, et, dernièrement, nous avons vu paraître notre code civil, avec une loi sur le divorce combinée pour la protection des infortunées qui devront la subir. Et je me demande si, à l'heure actuelle, on pourrait trouver dans tout le Japon un homme capable de réclamer le divorce sans motif sérieux, un homme ayant le courage de proclamer l'infériorité du sexe dont les tendres caresses ont nourri son enfance, formé sa jeunesse, charmé et consolé son âge viril. Si cet homme existe, qu'il soit maudit, et que l'abomination publique reste comme un stigmate d'horreur sur sa personne!...

H. TAKEDA.

Voici le développement kilométrique total de l'itinéraire que j'ai suivi :

	kilomètres.
Paris — le Havre	228
Le Havre — New-York	5.954
New-York — Boston	554
Boston — Montréal	547
Montréal — Québec	277
Québec — Niagara	911
Niagara — Chicago	823
Chicago — Whitewood	1.600
Whitewood — Vancouver	1.985
Vancouver — Yokohama	8.025
Yokohama — Kobé	576
Kobé — Shang-haï	1.397
Shang-haï — Hong-Kong	1.602
Hong-Kong — Saïgon	1.695
Saïgon — Phnom-Penh	441
Phnom-Penh — Saïgon	441
Saïgon — Singapoor	1.179
Singapoor — Colombo	2.908
Colombo — Aden	4.981
Aden — Suez	2.422
Suez — Alexandrie	457
Alexandrie — Marseille	2.607
Marseille — Paris	863
TOTAL	42.473

FIN.

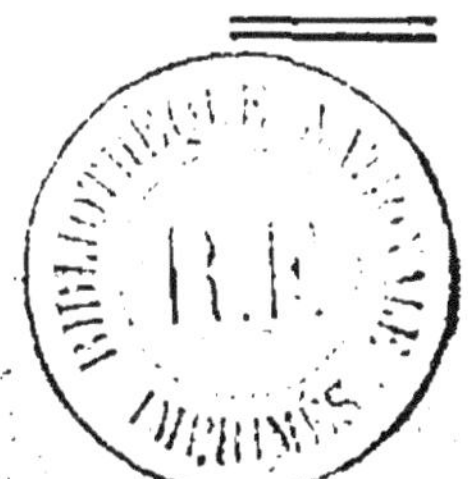

TABLE

IMPRIMERIE CHAIX. — RUE BERGÈRE, 20, PARIS. — 26304-12-90.

Paris. — Imprimerie J. CATHY, 3, rue Auber.

www.ingramcontent.com/pod-product-compliance
Ingram Content Group UK Ltd.
Pitfield, Milton Keynes, MK11 3LW, UK
UKHW012155240726
13966UKWH00002B/360

9 782013 417709